Histórias inspiradas em

O Evangelho Segundo O Espiritismo
Para crianças

Adeilson Salles

AS TRÊS REVELAÇÕES

Era uma vez um Rei diferente, pois ele era invisível, e governava um reino muito grande chamado Universo.

Um reino imenso, diziam até que não tinha fim, pois existiam centenas de milhões de estrelas e planetas nesse reino.

Como o reino era muito grande, o Rei ainda era pouco conhecido em alguns planetas, e muita gente o ignorava.

Na Terra, um dos planetas que fazia parte daquele Universo, seus moradores imaginavam que existiam vários reis a comandar aquele reino. Era muita confusão!

Bastava um trovão ou um relâmpago para o povo pensar:

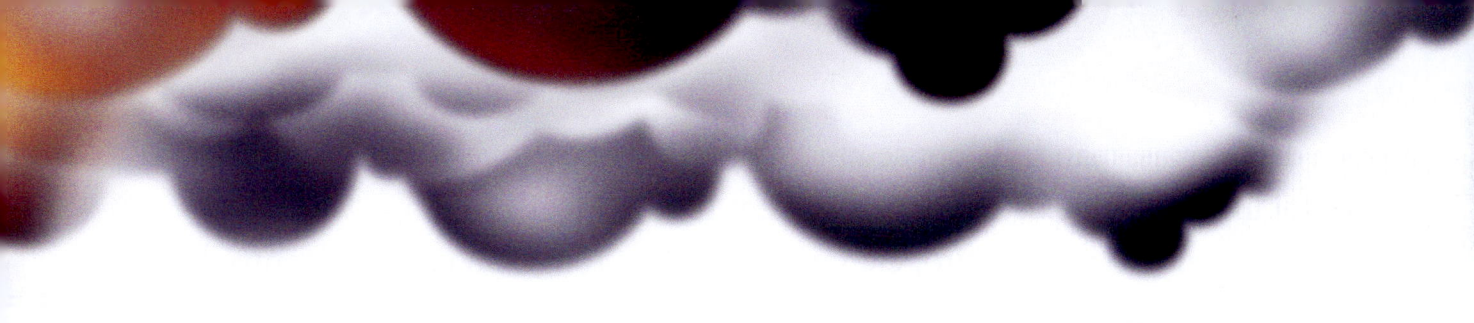

Tem um rei lá no céu com raiva a esbravejar.

Como o Rei era muito bom, preocupava-se em se aproximar cada vez mais de seus súditos, mas não descobria como resolver tal situação.

– Como posso me fazer acreditar se meus súditos que moram na Terra não conseguem me enxergar? – o Rei pensava.

E depois de um tempo pensando em uma solução, finalmente ele decidiu: mandaria até o povo um representante que libertasse os súditos da ignorância.

Faria mais, mandaria por seu mensageiro a primeira revelação que diz: eu sou o Rei único e não existem outros reis em todo Universo.

Por meio do mensageiro, ele faria os súditos tomarem conhecimento de suas leis: os dez mandamentos.

Para uma missão tão especial, ele escolheu Moisés, um mensageiro muito esforçado que faria tudo com determinação.

Então, Moisés partiu para a Terra...

E tudo foi feito como o Rei Invisível pediu.

Moisés libertou o povo da escravidão e divulgou a primeira revelação: existe um único Rei!!!

Após a missão de Moisés, o povo aprendeu que só existia um Rei Invisível, que tinha criado tudo naquele reino.

O Rei Invisível ficou muito satisfeito com a divulgação da primeira revelação.

Mas o tempo foi passando, passando... E os súditos cada vez mais se mostravam egoístas; a ideia de um Rei único não tinha mudado o comportamento dos súditos mal-educados.

Então, novamente, o Rei Invisível pensou, pensou e decidiu enviar outro mensageiro para levar aos súditos outra revelação.

Dessa vez, ele enviaria um mensageiro muito especial, alguém que tivesse dentro de si muito amor e que ensinaria a todos sobre o reino invisível, para onde todos um dia irão retornar.

A segunda revelação era tão importante que o Rei Invisível decidiu enviar um mensageiro chamado Jesus Cristo.

Ele iria até os súditos para ensinar que o Rei Invisível era soberanamente justo, bom e principalmente amoroso.

E Jesus partiu...

E na noite em que o mensageiro chegou para os súditos, as estrelas do céu ganharam mais brilho, e uma em especial cortou o céu dançando de alegria: nasceu Jesus entre os homens!

Com Jesus, todos os súditos tomaram conhecimento de que mesmo invisível o Rei existia e era amor puro e verdadeiro.

Jesus iluminou as noites de dor do mundo amando a todos, do jeito que o Rei Invisível ama a todos os súditos, e ainda os chamou de irmãos.

"Amai-vos uns aos outros", o mensageiro do Rei ensinava e pregava o evangelho, a segunda revelação.

Mas o coração dos súditos, ainda assim, permaneceu fechado para a Boa Nova.

O tempo passou, e Jesus prometeu pedir ao Rei para enviar ao mundo outro Consolador, mais um mensageiro do Rei Invisível. E esse mensageiro diria tudo novamente o que ele havia dito, e ensinaria novas coisas para os súditos.

E, em um triste dia, os súditos, que ainda não entendiam o verdadeiro significado da palavra AMAR, se voltaram contra Jesus e o crucificaram.

Mas mesmo assim ele partiu de braços abertos, amando a todos e pedindo ao Rei Invisível que perdoasse a todos os súditos, pois eles não sabiam o que estavam fazendo.

Então, Jesus retornou para perto de Deus, o Rei Invisível.

O Rei ficou feliz com o mensageiro Jesus, que amou a todos os súditos, segundo os ensinamentos dele.

Mas o Rei sabia que seus súditos eram muito esquecidos, pois para eles bastava não ver, para logo esquecer.

– Chegou o momento de informar aos meus súditos sobre a terceira revelação. Esse acontecimento deverá despertá-los para a verdadeira vida!

E o Rei Invisível pensou e pensou e pensou:

– É isso!!! – o Rei sorriu.

– Como meus súditos são maus alunos, vou enviar como mensageiro um bom professor, que vai lhes mostrar o mundo invisível onde vivo e para onde vêm todos os que desencarnam!

Quero que ele os ensine que a vida é um vai e vem do mundo invisível para o mundo físico, pela lei da reencarnação.

Feliz, o Rei mandou chamar o professor Allan Kardec e lhe passou as instruções:
— Quero que você vá até os meus súditos e mostre a eles, através da terceira revelação, o Espiritismo; que existe o mundo invisível de onde eu governo tudo e para onde todos virão um dia! Ensine-os sobre a vida após a morte e a lei da reencarnação.

O professor Allan Kardec ouviu tudo e fez a reverência, se curvando diante do Rei Invisível, partindo para sua missão.

Na função de dedicado professor, ele ensinou e revelou o Espiritismo.

Era o Consolador prometido por Jesus, que vai ficar com os súditos até o fim dos tempos.

E, ainda hoje, o Rei Invisível segue governando o Universo, o mundo invisível e o visível, e todo súdito que se interessa em aprender, descobre que o Rei ama a todos da mesma maneira.

MEU REINO NÃO É DESTE MUNDO

Era uma vez um mundo muito distante e estranho.

E todas as pessoas que moravam nesse lugar viviam muito tristes.

A vida era muito difícil, e ninguém entendia por que nesse mundo uns sofriam mais e outros sofriam menos.

Alguns tinham muitas riquezas, outros eram pobres, outros tinham saúde e muitos eram doentes.

A grande maioria era pobre e passava os dias em grandes lutas para poder até mesmo se alimentar.

Que mundo estranho era aquele!

Alguns homens diziam que existia um Deus que de tudo cuidava, mas a maioria não acreditava muito, afinal, como alguém pode acreditar em um ser superior, em um mundo onde todos sofrem de alguma maneira?

E a vida seguia assim.

Nesse mundo, algumas pessoas se matavam por qualquer bobagem, não se respeitavam umas às outras.

Qualquer discussão era motivo de briga e confusão.

Por qualquer moeda, o sofrimento acontecia e as pessoas viviam com raiva.

Valorizavam demais as coisas passageiras e os bens materiais.

Era briga pra lá, era briga pra cá!

Quem tinha muito não ligava para quem tinha pouco.

Quanta desigualdade, e quanta infelicidade!

Esse mundo tinha um céu cinzento, pois as nuvens escuras eram muitas.

9

Diziam até que o céu era cinzento por causa do mau humor e da tristeza das pessoas daquele mundo.

E assim o tempo foi passando, passando...

Até que certa noite, uma estrela de brilho sem igual cortou o céu iluminando tudo.

E muita gente desse lugar ficou feliz, pois há muitos anos diziam que um dia chegaria a esse mundo um homem que traria o sol da esperança para iluminar cada coração.

Uma estrela como aquela só podia ser portadora de boas notícias.

E não demorou a se espalhar a notícia de que havia nascido um menino para salvar aquele povo.

E foi assim que tudo começou a mudar.

Os anos foram passando e o menino foi crescendo, e por onde ele andava, a alegria do amor chegava.

E onde antes não havia sorrisos, com suas palavras ele fazia nascer a paz e o amor nos corações.

E o céu daquele mundo, que um dia tinha sido muito cinzento, agora começava a ficar azulzinho e pintadinho de nuvens branquinhas como algodão.

O homem era chamado Jesus.

Então, ele começou a curar pessoas enfermas e a falar de amor.

Ao mesmo tempo, ele anunciava que existia uma vida mais feliz em outro mundo, de onde viera.

As pessoas começaram a ter esperanças de viver nesse mundo.

Os que sofriam passaram a sorrir pensando no futuro.

Muitos duvidavam e achavam aquele homem, que falava de amor, um louco, um sem juízo.

Muitos pobres acreditavam que no mundo apresentado por Jesus não existia pobreza e a felicidade era para todos.

Mas existiam algumas condições para se chegar àquele mundo, dizia Jesus:

– Amai-vos uns aos outros! Perdoai para serdes perdoados!

Só assim podereis entrar nesse novo mundo! A chave que abre a porta desse mundo é o amor.

E todos se emocionavam com as lições ensinadas por ele.

Porém, alguns homens ignorantes passaram a perseguir e prenderam Jesus.

E o levaram à presença da justiça representada por Pôncio Pilatos, que perguntou a Jesus:

– Tu és Rei?

– Meu Reino não é deste mundo!

E todos sabiam do Reino de que Jesus falava.

Era o Reino de amor que ele pregava, pois só quem ama as pessoas como ele, poderia conhecer um Reino tão feliz, onde todos se amam e se respeitam.

Jesus foi crucificado pelos homens ignorantes, mas ainda hoje, todos se esforçam para aprender a amar uns aos outros, para que um dia possam viver no Reino de amor.

HÁ MUITAS MORADAS NA CASA DE MEU PAI

Rosinha está muito feliz, pois finalmente chega o dia de ir para a escola. Dona Cecilia arruma na mochila o material escolar da filha para aquele dia tão especial.

Muito curiosa, Rosinha pergunta para sua mamãe:

– Mamãe, por que eu tenho de ir pra escola?

– A escola é muito importante, pois nela você vai aprender a ler, vai fazer amigos, conhecer seus professores e muito mais...

– O que é esse, muito mais, mamãe?

Dona Cecilia sorri e responde com paciência:

– A escola é um lar pra você, uma outra morada.

– Outra morada? Um lar? – a menina coça a cabeça desconcertada.

– É sim, minha filha. Na vida, nós temos muitas moradas, e a escola é uma delas.

– Nossa cidade é uma morada, mamãe?

– Isso mesmo, filha, nossa cidade é uma morada, nosso bairro é uma morada, nosso país é uma morada.

– Nosso planeta também?

– Isso mesmo, Rosinha! A Terra é uma morada do espírito como muitas outras; vivemos aqui para aprender e evoluir. Podemos dizer também que a Terra é uma grande escola.

– Puxa, mamãe, e o que aprendemos na escola da Terra?

– Nessa grande escola, nós aprendemos a amar.

– E onde é a sala de aula da Terra, mamãe?

– Nossa primeira sala de aula é o lar....

15

Ansiosa, Rosinha interrompe a mãe e pergunta:

– E quem são nossos coleguinhas de classe?

– Nossos primeiros colegas de classe são os nossos familiares, nossos pais, irmãos, avós...

– E quais as matérias que aprendemos com esses colegas?

– Ah! Rosinha! Essa é a parte que temos mais dificuldades para aprender, pois em família a gente aprende a perdoar, a amar, a viver em paz.

Rosinha sorri e pergunta:

– E os nossos vizinhos?

– Cada lar é uma escola, uma morada onde os espíritos aprendem a amar.

– E as estrelas do céu, mamãe, elas são moradas também?

– Isso mesmo, minha filha! Quando olhamos para o céu estrelado, vemos as muitas moradas que Deus criou para seus filhos, os espíritos imortais que somos nós.

– E quem mora nessas estrelas, mamãe?

– O Universo está repleto de estrelas onde moram espíritos aprendizes como os que vivem aqui na Terra.

– E todos são felizes, mamãe?

– Cada morada tem habitantes de acordo com a necessidade que eles têm de aprender. Uns são felizes, outros ainda precisam aprender muito sobre o amor.

– Então é igual os lares aqui da Terra, mamãe, alguns são felizes, e outros não?

– Isso mesmo, Rosinha! Cada morada no céu ou cada lar na Terra reúne os alunos de acordo com as lições que eles precisam aprender.

Novamente Rosinha coça a cabeça e diz:

– Então o Universo é como uma grande escola?

Dona Cecilia sorri novamente e faz um carinho no rosto da filha dizendo:

– Você aprende depressa, Rosinha! A vida é uma grande escola em todos os lugares. Tudo foi criado para que possamos aprender.

– Se tudo isso foi criado por Deus para as pessoas serem felizes, por que tem tanta gente triste nesse mundo, mamãe?

– Isso acontece porque existe outro tipo de morada, minha filha...

– E qual é, mamãe?

– É a casa do coração, onde guardamos todos os sentimentos.

– Nossa, mamãe! O coração é uma casa?

— É sim, minha filha, guardamos nele nossos sentimentos e passamos a viver assim. O coração vai conosco para todas as outras moradas, e onde quer que a gente vá, levaremos o que está guardadinho dentro dele. Quando estamos tristes, moramos em qualquer lugar com tristeza; se estamos felizes, levamos a alegria para todos os lugares.

— Hoje eu tô ansiosa para ir pra escola, mamãe.

Dona Cecilia sorri e diz:

— Jesus nos ensinou que existem muitas moradas na casa de Deus. São vários os mundos habitados onde os espíritos estão aprendendo e evoluindo.

— Cada sala de aula da minha escola é uma morada, mamãe?

— Você está certa, Rosinha, pois cada sala de aula da sua escola atende à necessidade de seus alunos. Você vai para a classe dos iniciantes para aprender a ler e a escrever, enquanto outros que já são alfabetizados vão para salas mais adiantadas.

— Agora estou feliz com o que acabei de aprender! — A menina diz sorrindo.

— Seu coração está alegre e feliz, e é assim que você deve ir para a escola, levando em seu coração os melhores sentimentos para aprender tudo na escola da vida.

Rosinha abraça a mãe e pede para que ela coloque a mochila escolar em suas costas para ir à aula.

Ela recebe um beijo carinhoso em sua face, e de mãos dadas com sua mãe, vai conhecer a morada escolar.

ESCOLA

ESCOLA

NINGUÉM PODERÁ VER O REINO DE DEUS SE NÃO NASCER DE NOVO

Eles eram muito unidos.

A diferença de idade era de apenas dois anos.

Rafael e Daniel eram irmãos, Rafael tinha oito anos e Daniel dez.

Seu Jorge e Dona Vanda amavam aqueles filhos como as joias preciosas que enfeitavam suas vidas de amor e alegria.

A família sempre participava das atividades do centro espírita.

Todos viviam dias muito felizes.

E quando chegavam da escola, Daniel e Rafael faziam os deveres de casa e após o almoço, se preparavam para a melhor de todas as brincadeiras: Eles gostavam, enquanto astronautas, de brincar de exploração espacial.

A família morava em um sobrado, e seu Jorge havia instalado no telhado um telescópio, pelo qual todos passavam muito tempo a observar as estrelas e os planetas no céu.

Seu Jorge tinha alguns amigos que moravam nos Estados Unidos, e encomendou para os filhos roupas de astronauta para que eles pudessem brincar do que mais gostavam.

Assim, algumas noites da semana, a família se reunia em torno do telescópio para observar as estrelas e os planetas distantes.

Rafael e Daniel colocavam suas roupas e se divertiam muito.

Quando eles estavam vestidos de astronauta, ninguém sabia identificar quem era quem, pois só eles conseguiam enxergar de dentro para fora da roupa.

E todos tinham um planeta favorito.

Seu Jorge gostava de Marte, Dona Vanda de Vênus, Rafael de Júpiter e Daniel de Saturno.

Daniel sempre dizia que quando fosse astronauta iria até Saturno pegar um de seus anéis e traria para Dona Vanda usar em seu dedo.

E a família, feliz, sorria com a brincadeira.

O tempo foi passando e Daniel adoeceu.

Ele ficou em estado muito grave, e toda a família sofreu muito.

Até que, após alguns meses, Daniel partiu.

E a vida deles mudou bastante, mas sempre que podiam, eles se reuniam para fazer uma prece em torno do telescópio e olhar para Saturno e seus anéis, lembrando do sorriso de Daniel.

Certa noite, Rafael deitou-se para dormir...

Após alguns minutos, ele viu uma luz muito bonita adentrar seu quarto. Surpreendido, ele viu um astronauta que surgiu à sua frente.

De repente sua surpresa aumentou, pois o astronauta tirou o capacete e ele viu Daniel sorrindo diante dos seus olhos.

Ele correu e abraçou o irmão, que feliz lhe disse:

– Eu não morri, Rafael, estou vivo, agora em outra dimensão. Quero que diga ao papai e à mamãe que a vida continua e que um dia iremos nos reencontrar.

Confuso, Rafael perguntou:

– Mas como a gente vai te encontrar? Sentimos muito a sua falta!

– Podemos nos reencontrar, aqui nesta dimensão, ou pela reencarnação, posso voltar a viver na Terra.

– Você pode voltar? – Rafael disse emocionado.

– Isso mesmo! A reencarnação existe e é preciso nascer de novo como ensinou Jesus. Aprendemos isso no centro espírita. Reencarnar é como brincar de astronauta.

– Como assim?

– Para andar no espaço a gente não precisa de roupas especiais?

– Sim! – Rafael respondeu.

– Para reencarnar a gente precisa de um corpo, que é a roupa do espírito, para poder viver aí no espaço material do mundo, entendeu?

Rafael coçou a cabeça e sorriu, dizendo:

– Tem razão, Daniel, eu nunca tinha pensado nisso antes!

– Nem eu! – Daniel concordou com um grande sorriso. E prosseguiu:

– As lições da evangelização falam da reencarnação, mas a gente tem dificuldade em acreditar. Um dia eu vou precisar de um novo corpo para voltar à Terra e encontrar vocês novamente. Agora, diga pra a mamãe que eu trouxe pra ela a confirmação de que a vida continua e que o nosso amor é o anel de Saturno, é ele que nos une.

Rafael se aproximou do irmão e eles se abraçaram novamente.

Daniel colocou o capacete de astronauta na cabeça e acenou para o irmão, dizendo:

– Não se esqueça: é preciso nascer de novo pra ver o Reino de Deus!

Rafael despertou na manhã seguinte e correu para abraçar os pais, contando que havia sonhado com Daniel.

Dona Vanda e seu Jorge se emocionaram com tudo que ouviram.

Logo mais à noite, a família se reuniu em torno do telescópio, e ao observar Saturno, seu Jorge afirmou:

– Ou eu estou enganado ou alguém pegou um dos anéis de Saturno?

BEM-AVENTURADOS OS AFLITOS

Aquele dia na evangelização infantil era muito importante, e Luiza perguntava à Ritinha, sua evangelizadora:

– Nós vamos visitar uma família carente?

– Isso mesmo, Luiza, hoje nós vamos a um lar que passa por muitas dificuldades. Levaremos alguns alimentos, roupas e medicamentos.

– O que mais nós podemos dar pra essa família, Ritinha? Tem mais alguma coisa que podemos dar?

– Tem sim, Luiza! – a evangelizadora falou sorrindo.

– Vamos levar nossa alegria, nossa fé e principalmente nosso amor!

E chegaram outras crianças para a reunião de evangelização do centro espírita e todas foram divididas entre os evangelizadores para a visita a vários lares necessitados.

Junto com Luiza, Ritinha levava também o garoto Bruno para visitar a família de Laura, uma das assistidas pela instituição.

Após a prece em grupo, as equipes partiram para o trabalho de visitação.

O lar de Laura era localizado na periferia, e depois de quarenta minutos, Ritinha chegou à porta da singela residência com as duas crianças.

Bruno e Luiza carregavam pequenas sacolas com roupas, Ritinha por sua vez segurava uma caixa com alimentos.

A evangelizadora colocou a caixa no chão e bateu palmas.

Em poucos instantes, a porta se abriu e uma mulher surgiu sorrindo:
– Pode entrar, Ritinha, pelo jeito trouxe dois ajudantes hoje?
– Oi, Laura! – Ritinha respondeu sorrindo. – Isso mesmo, hoje eu trouxe a Luiza e o Bruno para conhecerem vocês e me ajudar! Como está o Bernardo?

O rosto de Laura entristeceu e ela disse:
– Infelizmente, ele está bem abatido nessa tarde, a doença o está debilitando cada vez mais, mas entrem, sejam bem-vindos!

– Vamos, crianças! – Ritinha pediu aos seus ajudantes.

Todos entraram e encontraram deitado na sala, em pequeno sofá, um menino franzino demonstrando certo abatimento.

Quando Bernardo viu Luiza e Bruno, ele sorriu imediatamente e seu rosto se iluminou de alegria.

As crianças corresponderam ao sorriso de Bernardo e se aproximaram dele iniciando animada conversa.

Algumas guloseimas foram distribuídas por Ritinha, e entre uma conversa e outra, risos e pequenas brincadeiras, a tarde passou, até que a evangelizadora pediu:

– Vamos fazer a nossa prece, crianças, para podermos ir embora, o Bernardo precisa descansar!

– Posso abrir o Evangelho para ler a lição da tarde? Quem pediu foi Bernardo, que naquele momento tinha um lindo brilho em seu olhar.

– Claro que sim! – Ritinha falou com alegria.

Nesse momento, Laura apanhou um exemplar de O Evangelho Segundo o Espiritismo e entregou ao filho.

Bernardo fechou os olhos e abriu o livro ao acaso.

Então, vagarosamente leu o título do capítulo da lição:

– Bem-aventurados os aflitos...

O menino fez a leitura emocionando a todos.

A prece foi feita por Ritinha que agradeceu o encontro da tarde.

Antes de partir com as crianças, Ritinha perguntou:

– Laura, o Bernardo ainda não conseguiu um doador de medula óssea?

A mãe do menino se entristeceu e respondeu cabisbaixa:

– Está bem difícil encontrar um doador compatível, mas ainda tenho esperança que isso aconteça!

Ritinha abraçou Laura com carinho e beijou Bernardo, se despedindo.

As crianças fizeram a mesma coisa e todos partiram.

A evangelizadora levou as crianças para suas casas e partiu agradecida pelo encontro da tarde.

Naquela noite...

– Mamãe, eu quero ser doadora de medula! – Luiza pediu para sua mãe.

A princípio, Dona Elena não entendeu o que a filha queria, mas a partir daquela noite e todos os dias, Luiza insistia em pedir para ser doadora de medula óssea para o Bernardo.

Até que, finalmente, ela conseguiu convencer a mãe, que procurou por Ritinha no centro espírita.

– Bernardo sofre de câncer e só poderá sobreviver se conseguir um doador compatível, mas as crianças não podem ser doadoras. – explicou Ritinha.

– A Luiza queria muito ser uma doadora e vai ficar triste.

Assim que Luiza soube que as crianças não podiam ser doadoras, ela virou para sua mãe e disse:

– Mamãe, já que eu não posso ser doadora por ser criança, a senhora pode porque é adulta!

Dona Elena olhou para Luiza com os olhos arregalados.

– Quando a senhora vai ao hospital fazer o exame?

– Eu vou, filha, eu vou. – Dona Elena se emocionou com a atitude da menina e decidiu fazer o possível para ajudar.

A notícia se espalhou no centro espírita e muitas crianças pediram aos pais para ajudar ao menino Bernardo.

Rapidamente, alguns pais se uniram para atender ao pedido dos filhos.

Luiza, inconformada e curiosa com as diferenças no mundo, perguntou à Ritinha:

– Por que muitos sofrem doenças e outros não? Por que existem tantas diferenças e sofrimentos na vida?

– Luiza, – Ritinha falou com carinho – aqui na Terra todos têm as suas lutas e dores, pois estamos neste mundo para aprender e evoluir. Existem pessoas que sofrem muito como o Bernardo, mas que enfrentam os problemas sem reclamar. Jesus, o nosso amigo de todas as horas, nos ensinou que todos os aflitos serão consolados.

– Mas o Bernardo é uma criança e está doente, por que isso acontece com as crianças?

Ritinha abraçou Luiza e disse:

– Luiza, felizmente existe a lei da reencarnação, e as dores não são definitivas na vida de ninguém. A dor é como uma lição que o espírito precisa aprender para melhorar e evoluir. O Bernardo não está sendo castigado por ter ficado doente. Deus o ama e vai dar a ele, nesta ou em outra vida, o auxílio e a ajuda que ele merece.

Luiza silenciou e abraçou bem forte a cintura de Ritinha.

Alguns dias depois, saiu o resultado dos exames feitos pelos pais das crianças; e para alegria de Luiza, sua mãe era a doadora que podia ajudar Bernardo.

A visita do grupo de evangelização do centro espírita foi uma festa, porque muitas crianças puderam, com seus pais, abraçar Bernardo para comemorar.

Logo após, a doação foi feita, e Bernardo se curou do câncer.

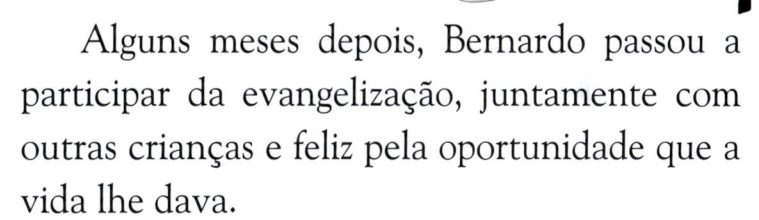

Alguns meses depois, Bernardo passou a participar da evangelização, juntamente com outras crianças e feliz pela oportunidade que a vida lhe dava.

Em certa tarde, antes do início da reunião semanal de evangelização, pediram à Luiza que abrisse o evangelho para leitura de um texto, e ela, abrindo o livro, leu em voz alta:

– Bem-aventurados os aflitos porque serão consolados!

O CRISTO CONSOLADOR

Era uma vez um homem que gostava de abraçar, bastava encontrar alguém para os braços escancarar.

Ele achava que no mundo não devia existir solidão, que abraçar era muito importante, pois aquecia o coração.

E andava pelo mundo semeando sem cansar, distribuindo abraços grátis, numa forma de amar.

Chegou em grande cidade e vendo tal multidão, pensou em dar abraços, pois muitos viviam na solidão.

Sorriu com alegria, para um homem apressado, mas não ouviu nenhum "bom dia", daquele mal-humorado.

Nem assim desistiu de semear fraternidade, pois quem abraça é mais feliz, faz amigos de verdade.

O tempo foi passando e mais abraços a cada dia, semeava sempre mais, novos amigos ele fazia.

E quando alguém lhe dizia: – Homem, pare de abraçar! – ele, por sua vez, respondia: – Não posso parar de amar!

Conheceu um centro espírita, que distribuía pão, ajudava muita gente, com a força da oração.

– Quero dar abraços grátis! – ele então se ofereceu. E com paz e alegria, o centro espírita o acolheu.

E aos domingos bem cedinho, logo junto com café, os abraços eram distribuídos, com ternura e muita fé.

O tempo então passou, e a vida vem ensinar, que o amor de Jesus não tarda para todos consolar.

Longe daquela cidade, um jovem estava a caminhar, era alta madrugada, voltava para o seu lar.

Então, sentiu uma dor e sem forças caiu ao chão, chorou e pediu por socorro, mas estava em solidão.

De repente alguém chegou e lhe estendeu a mão, era um morador de rua, que ofereceu salvação.

Ergueu o jovem com carinho, e o agasalhou com seu velho cobertor, deu um sorriso de esperança, e o abraçou com amor.

Com papelão fez travesseiro, e pediu ao jovem para esperar, em minutos a ambulância não tardaria a chegar.

– Obrigado! – disse o jovem. – Qual o seu nome, por favor?

Com um sorriso, o homem respondeu:

– Eu sou Jesus, o Salvador!

O jovem se recuperou, e tinha essa história para contar, precisava ver o pai, que morava perto do mar.

Mandou notícias para o pai: – Preciso do seu abraço!

O semeador partiu depressa, o coração num só compasso!

No encontro emocionante, entre abraços e amor, o jovem contou ao pai, a história do Salvador.

A lágrima correu na face do homem, que gostava de abraçar, pois aquela história só o Espiritismo podia explicar.

Então, ele olhou para o jovem e disse com muito amor: – Meu filho, tu foste abraçado, pelo Cristo Consolador!

33

BEM-AVENTURADOS OS POBRES DE ESPÍRITO

Bem-aventurados os pobres de espírito, porque deles é o Reino dos Céus. (Mateus, 5:3.)

Conta-se que uma estrela-do-mar, que morava no coral das tartarugas, todas as noites ficava encantada olhando para as estrelas do céu.

Ela vivia sempre sozinha, pois achava que merecia viver no céu e não naquele coral com seus moradores.

Em muitas noites, a luz prateada da Lua iluminava a superfície das águas do mar e a estrela-do-mar, então, boiava até a superfície para tentar agarrar aqueles raios de luz, mas não conseguia.

Ao brincar de segurar raios de luz, ela gargalhava, andando de um lado para outro no coral das tartarugas.

Os outros moradores do coral, os peixes coloridos, passavam e olhavam admirados, alguns a cumprimentavam, mas que nada, ela nem respondia, pois ficava de olhos pregados no céu.

O tempo foi passando e toda aquela alegria com o brilho das estrelas do céu foi diminuindo.

Revoltada, ela vivia reclamando porque não tinha brilho próprio.
Com o tempo, aquela admiração foi se transformando em inveja.
Inveja é quando queremos ser como os outros e fazer o que eles fazem.
E todas as noites, ela olhava para o céu e dizia:
– Eu ainda vou lá em cima ficar brilhando como as estrelas do céu.

Certa noite, em que as águas do oceano estavam tranquilas e transparentes, a estrela-do-mar estava parada vendo o brilho da Lua no mar.

– Até a Lua tem luz, por que eu não tenho brilho? Tenho certeza de que sou muito mais bonita que as estrelas do céu, e ainda mais, acredito que brilho muito mais que a Lua! Será que eu já fui uma estrela do céu e me despreguei de lá, caindo nesse oceano? Não é possível!

Nesse instante algo muito especial aconteceu.
– Nossa, o que é isso? – perguntou com preocupação a estrela-do-mar.
Despencando lá do céu, uma estrela cadente caiu no mar bem juntinho da estrela marinha.
Atordoada, a estrela cadente sorriu vendo sua irmã estrela marinha ao seu lado, e falou:
– Uau!!! Uma estrela marinha! Como você é bela!
– Sou mesmo! – a estrela marinha falou convencida.
– Você sabia que eu ficava lá no céu olhando para o mar e admirando estrelas como você? Então, imaginava como devia ser bom viver embalada pela dança das marés. Sempre quis ser uma estrela bailarina para dançar no balanço do mar! Deve ser muito bom viver nessas águas! As minhas amigas lá do céu me diziam que eu era uma estrela sonhadora e que jamais poderia dançar no balanço das marés.

– Ué! E eu aqui embaixo querendo brilhar lá em cima! Afinal, tenho brilho demais e quero iluminar o céu, como você!

– Sou muito pequenininha para iluminar o céu! Só sirvo mesmo para ser uma estrela cadente, por isso caí aqui.

– Ah... Eu não, vivo aqui nesse oceaninho e tenho certeza de que posso iluminar o céu, só preciso de uma oportunidade! Você não quer trocar comigo? Eu vou para o céu em seu lugar e você fica aqui nesse oceano salgado.

A estrela do céu, que queria dançar a música da natureza, sorriu e concordou:

– Fique à vontade, pode iluminar o céu. Vou passear pelo oceano e ficar aqui dançando. Quero alegrar os moradores desse coral, fazer muitos amigos.

A estrela-do-mar ficou muito feliz e nesse instante subiu rapidamente ao céu, enquanto a estrela cadente saiu cantando e dançando pelo coral.

E fazia amigos e mais amigos, e quanto mais amava, mais seu brilho aumentava.

E a estrela marinha, assim que chegou ao céu, olhou para as outras estrelinhas e sorriu, se achando muito esperta:

– He He He... Vim para iluminar o céu, vocês podem ir para o oceano e viver naquela escuridão. Eu me basto com meu brilho!

Mas o tempo passou e a estrela-do-mar não brilhava nem um pouquinho. Ficava ali apagadinha, apagadinha.

Não fazia amigos, não era humilde e ainda se achava a estrela mais bonita.

Depois de breve tempo, ela despencou e caiu novamente no mar.
– Não é possível! Como isso pôde acontecer? Eu aqui de novo?
Ela estranhou muito, porque o coral das tartarugas estava bem diferente.
Os moradores estavam vivendo muito felizes.
E ela quis saber o porquê de tanta felicidade.

E a moreia, sorrindo, explicou:
– Passou por aqui uma estrela, que a cada dia se iluminava mais e mais, pois vivia para dançar e fazer a todos felizes. Era uma estrela muito humilde, que depois de iluminar a vida de todos com seu amor, subiu ao céu e de lá ilumina o oceano com o brilho que só o amor pode dar.

BEM-AVENTURADOS OS QUE TÊM PURO O CORAÇÃO

Então, a princesa chamada Caridade gostava de sair do castelo e visitar as ruas da cidade.

E quando passava pelos locais de sofrimento, ouvia o pedido dos pobres que estavam em lamento.

Dia e noite, noite e dia, a princesa Caridade visitava os que choravam, com fome e agonia.

Seu pai, o rei Juvenal, apoiava a princesa que lutava contra o mal.

A madrasta da princesa, a rainha Invejosa não se agradava ao ajudar as pessoas, pois era muito preguiçosa.

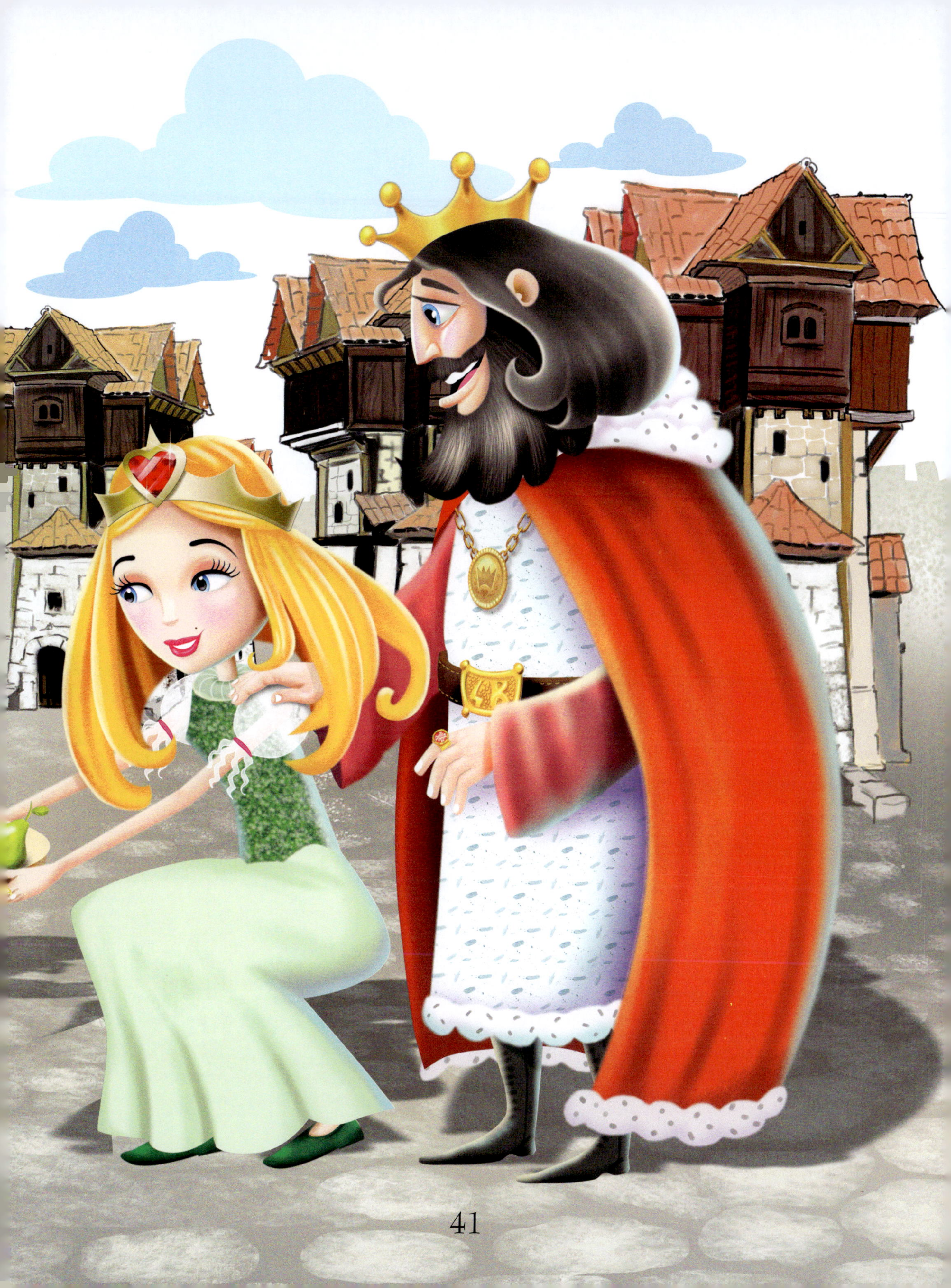

No quarto secreto onde mistérios havia, um espelho mágico, a rainha escondia.
E todas as manhãs, do espelho inquiria:
– Quem é a mais bondosa, seja noite ou de dia?

O espelho mágico e honesto lhe falava sem pensar:

– É a princesa Caridade, que mais gosta de ajudar!

Tomada de raiva e muita tristeza, pediu ajuda a sua irmã Traição, para fazer a malvadeza.

A princesa Caridade ela iria sequestrar, e com o feitiço de um sono, iria lhe atacar.

Tudo foi tramado, o plano aconteceu, e a princesa Caridade, sob feitiço, adormeceu.

O rei Juvenal, de desgosto, adoeceu, e de coração apertadinho, um dia ele morreu.

A rainha Invejosa, por sua vez, comandava todo o reino com maldade, e ao espelho perguntava:

– Espelho, espelho meu, quem é a mais poderosa?

E o espelho agora respondia:

– És tu, rainha Invejosa!

A princesa Caridade dormia sem parar, e o povo em sofrimento não podia ajudar.

O egoísmo comandava cada coração, a preguiça dominava, fazendo confusão.

Até que um dia descobriu-se, que o feitiço poderia acabar, se surgisse algum príncipe bondoso que pudesse ajudar.

De família muito humilde, mas de puro coração, surgiu o príncipe Humildade e tocou cada coração.

Ouviu falar da princesa Caridade e saiu a procurar, pois os lábios dela, o príncipe Humildade queria beijar.

A rainha Invejosa, ao saber da situação, procurou o príncipe Humildade com a ajuda da ambição.

Ofereceu glórias e tesouros e mais reinos de ilusão, mas o príncipe Humildade tinha puro o coração.

E o tempo foi passando, mas o príncipe conseguiu encontrar a princesa Caridade e correu para beijar.

Então, o beijo foi dado e, selada a união, a princesa Caridade despertou feliz com emoção.

A rainha Invejosa fugiu para a floresta da perdição, mas de lá vigiava as pessoas que tinham maldade no coração.

E a princesa Caridade, de mãos dadas com Humildade, percorreu as ruas do mundo espalhando felicidade.

E o espelho mágico, depois de tanta confusão, disse:

– Feliz é todo aquele que tem puro o coração!

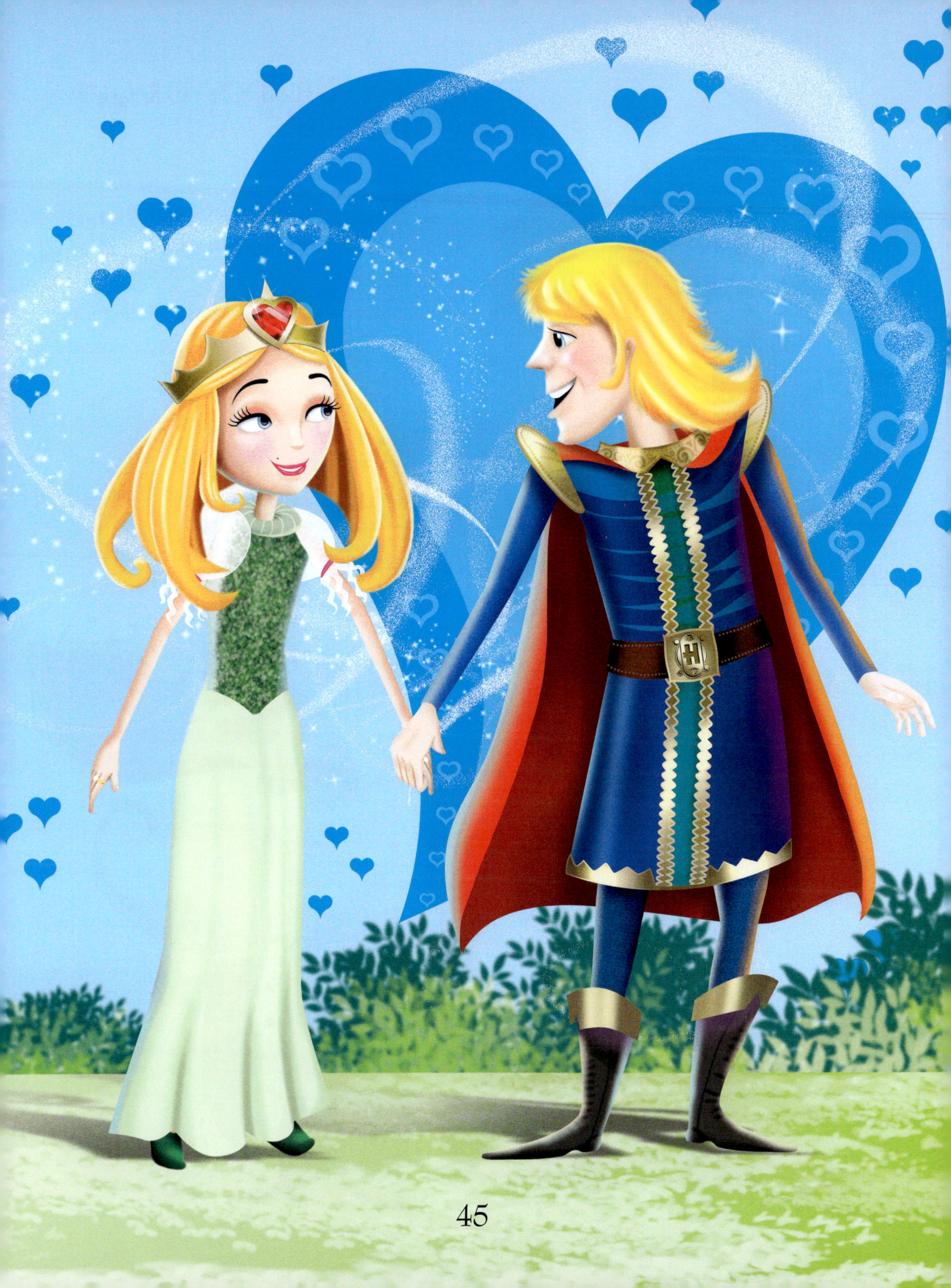

BEM-AVENTURADOS OS QUE SÃO MANSOS E PACÍFICOS

Num palácio distante, vamos encontrar um rei bem nervoso, que só sabia gritar.

Diziam na corte que Vossa Majestade brigava com todo mundo, não fazia amizade.

Cada vez mais sozinho, só fazia sofrer, gritava e gritava, sem se conter!

Com os reinos vizinhos, vivia em guerra, era muito odiado por toda a Terra.

Desde pequeno chorava aos gritos, e todos em volta ficavam aflitos.

Pedia chupeta com cara de mau, assustando toda a família real.

E foi crescendo e aumentando o berro, quem não lhe atendia era posto a ferro.

Alguns anos depois, seus pais morreram e ele recebeu a coroa, e coroado, berrou bem alto: – EU NÃO GRITO À TOA!!!

E naquele reino, o povo então se calou, e um silêncio profundo se instalou.

E nas tardes, noites e madrugadas, ouvia-se o rei gritando por nada.

Até que um dia ele berrou como um trovão, e desmaiou esgoelado, caindo no chão.

E ficou dormindo em sono profundo, e o reino experimentou o maior silêncio do mundo.

E todas as pessoas passaram a cochichar, pois o rei não queriam acordar.

O tempo foi passando e o rei continuou adormecido, e não se ouvia barulho, nem mesmo de um vento.

E sem que o povo soubesse, o rei passou a sonhar, sonhava com um mundo onde era proibido gritar.

E veio uma criança, sorrindo, a dizer: – Vossa Alteza, como é bom lhe conhecer! O silêncio é uma prece, o rei pode entender?

O rei nervoso, então, respondeu:

– A BOCA É MINHA, QUEM MANDA SOU EU!

E ao gritar novamente, o rei ficou mudo, não conseguia gritar, mas ouvia tudo.

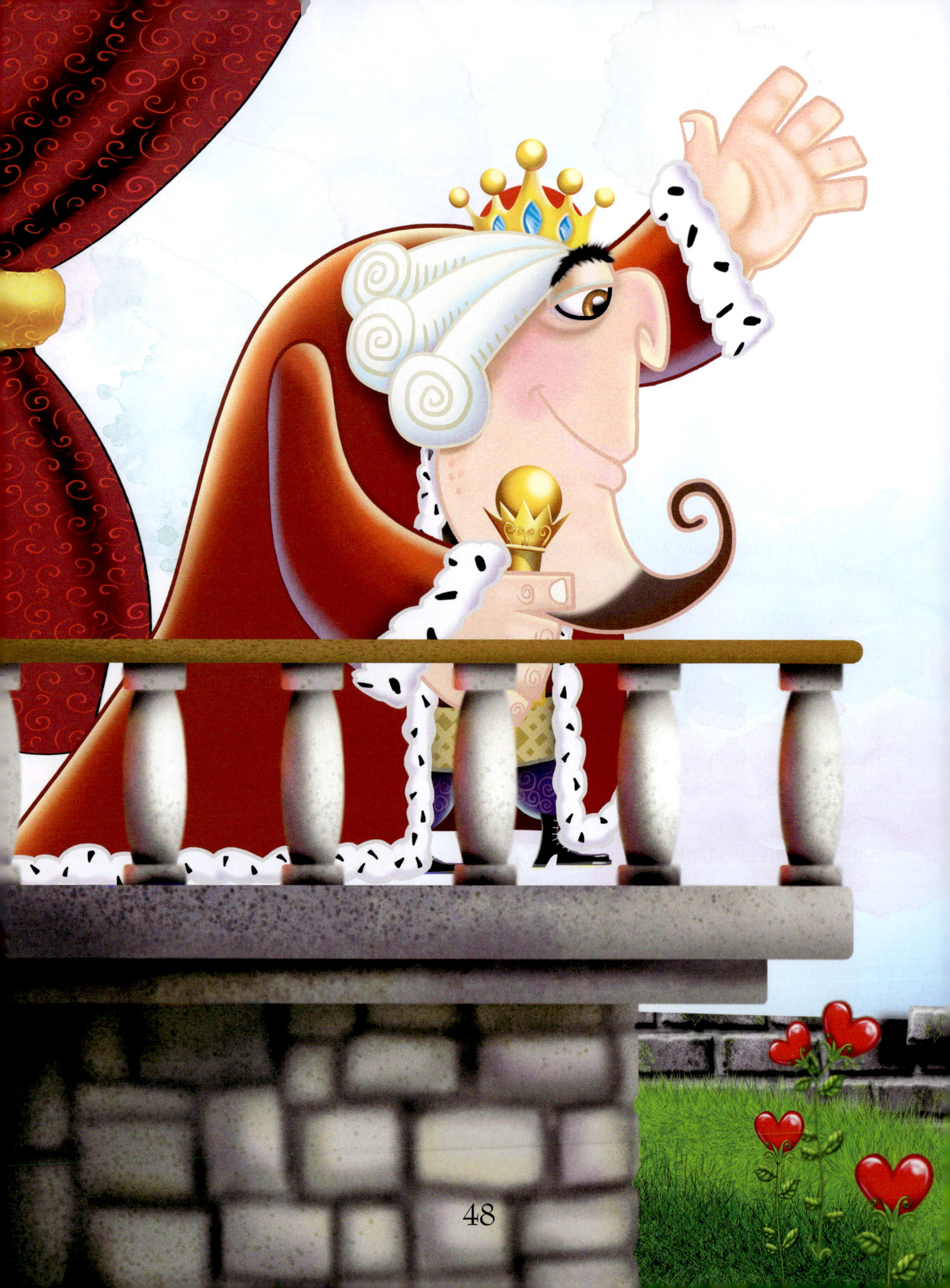

Foi nessa hora que ele silenciou e uma doce paz experimentou.
Dentro do coração, sentiu uma energia, um sentimento repleto de alegria.
Nunca tinha parado para pensar, em ouvir as pessoas, as escutar!
Aos poucos foi pacificando o coração e sendo envolvido em mansidão.
Fazendo silêncio, olhou uma flor e, pela primeira vez, ouviu a voz de um cantor.
Então, veio um homem cheio de simplicidade e falou com voz cheia de bondade.
O rei, então, começou a chorar, e sentiu-se envergonhado de tanto gritar.
O homem o ensinou a fazer uma oração, fazendo silêncio dentro do coração:
– Repita, majestade, as palavras da prece, pois Jesus de nós não se esquece.
O rei, emocionado, passou a dizer: – Obrigado, Jesus, por me socorrer.
Bem-aventurado é aquele que tem mansidão, e carrega a paz dentro do coração!
Alguns dias depois, ocorreu o despertar, e todo o reino temia novos gritos escutar.
Para surpresa de todos, alegria e bem, o rei falou baixinho, não gritou com ninguém.
O reino se alegrou, pois o rei foi capaz de respeitar seus súditos, e todos herdaram um reino de paz!

BEM-AVENTURADOS OS QUE SÃO MISERICORDIOSOS

Há muitos e muitos séculos, viveu na Terra um super-herói, galileu. Ele fez coisas que até hoje ninguém esqueceu.

Os malfeitores naquele tempo alimentavam a maldade e o desamor, ensinavam as pessoas a viverem com rancor.

Diziam que não se deve perdoar, que cada ofensa recebida, olho por olho devemos cobrar.

E o povo daqueles dias esperava por um Salvador, um ser poderoso com grande força, um herói conquistador.

E por séculos afora, aguardavam esse gigante hebreu, para matar os inimigos de todo povo seu.

Espera daqui, espera de lá, um dia certamente, esse Messias há de chegar!

Depois de muita espera, para surpresa da humanidade, certa noite, uma estrela cruzou o céu, anunciando a chegada do herói de verdade.

Correu em todo canto a notícia esperada, o Messias chegou ao mundo da forma anunciada.

Foi numa manjedoura, em grande simplicidade, até reis o saudaram demonstrando humildade.

E o menino foi crescendo em grande sabedoria, amar a todos era sua alegria.

Não trouxe ódio nem espadas, para grande frustração, pois seu maior poder era a misericórdia e o perdão.

Muitos homens, entristecidos, diziam: – Não pode ser! Um Messias verdadeiro deve conquistar todo poder!

De sandálias e túnica, de modo simples e singelo, o herói Jesus Cristo tinha no amor o seu império.

Caminhava pelo mundo deixando luz por onde ia, e os invejosos criticavam: – Ele é pura covardia!

Não gritava, não batia, a outra face ofertava, e a maldade dos homens se debatia, não se conformava.

51

E o herói não tinha capa, nem conseguia voar, mas no coração das pessoas Ele entrava para ficar.

E tanta gente foi curada, de doenças e maldades, e o herói a cada dia anunciava, qual era o reino da verdade.

Mesmo nas lutas mais sofridas, sua palavra anunciava: – Eu sou o caminho, a verdade e a vida!

Certo dia especial, como nunca houve outro, seu coração nos pediu: – Amai-vos uns aos outros!

Com seus apóstolos caminhava, levando sempre o bem, até naquela páscoa, em que foi a Jerusalém.
Os fariseus não aceitavam o poder de Jesus, e escondidos tramavam, colocá-lo numa cruz.
Um herói vindo do céu, que pregava contra a dor, não tinha capa nem raios especiais, o seu poder era o amor!
O perdão, Ele dizia, é a música celeste, todos devemos perdoar, setenta vezes sete!
Quando erguido naquela cruz, mostrou toda sua glória, pois pediu a Deus Pai, que tivesse misericórdia.
Bem-aventurados os que são misericordiosos, pois a paz é o seu destino, por mais que lágrimas sejam derramadas, Jesus é o caminho.

AMAR AO PRÓXIMO COMO A SI MESMO

Num século distante, onde se escravizava pela cor, vou contar uma linda história, que vale pelo amor.

Um menino de pele escura sofria a escravidão, no Brasil que era colônia, onde apenas o branco tinha razão.

O menino sinhozinho, de roupas caras e estudado, ganhou em seu aniversário um menino negro como escravo.

O menino escravo deveria atender a todos os desejos do filho do patrão, mas ninguém suspeitava o que queria o coração.

A idade era igual, o desejo de brincar também, com o tempo eles corriam pela grande casa, convivendo sempre bem.

Na hora da refeição, o patrãozinho sempre pedia para que o menino escravo lhe fizesse companhia.

Os pais do sinhozinho nada diziam, e acostumavam-se, então, pois seu filho via as pessoas pela cor do coração.

No interior da casa, o menino escravo foi morar, e o patrãozinho agora resolveu chamá-lo para rezar.

A família branca se reunia para fazer a oração, e todos pediam a Jesus Cristo, paz e proteção.

Algumas coisas foram mudando, dentro daquele lar, as crianças foram ensinando, como se deve respeitar.

O patrãozinho indagava:

– Se todos são irmãos, por que existe escravo vivendo na prisão?

Sem graça, o patrão mandou retirar todas as correntes, que faziam escravizar.

O patrãozinho ficou feliz, com sua nova sala, pois vivia de lá pra cá, brincando na senzala!

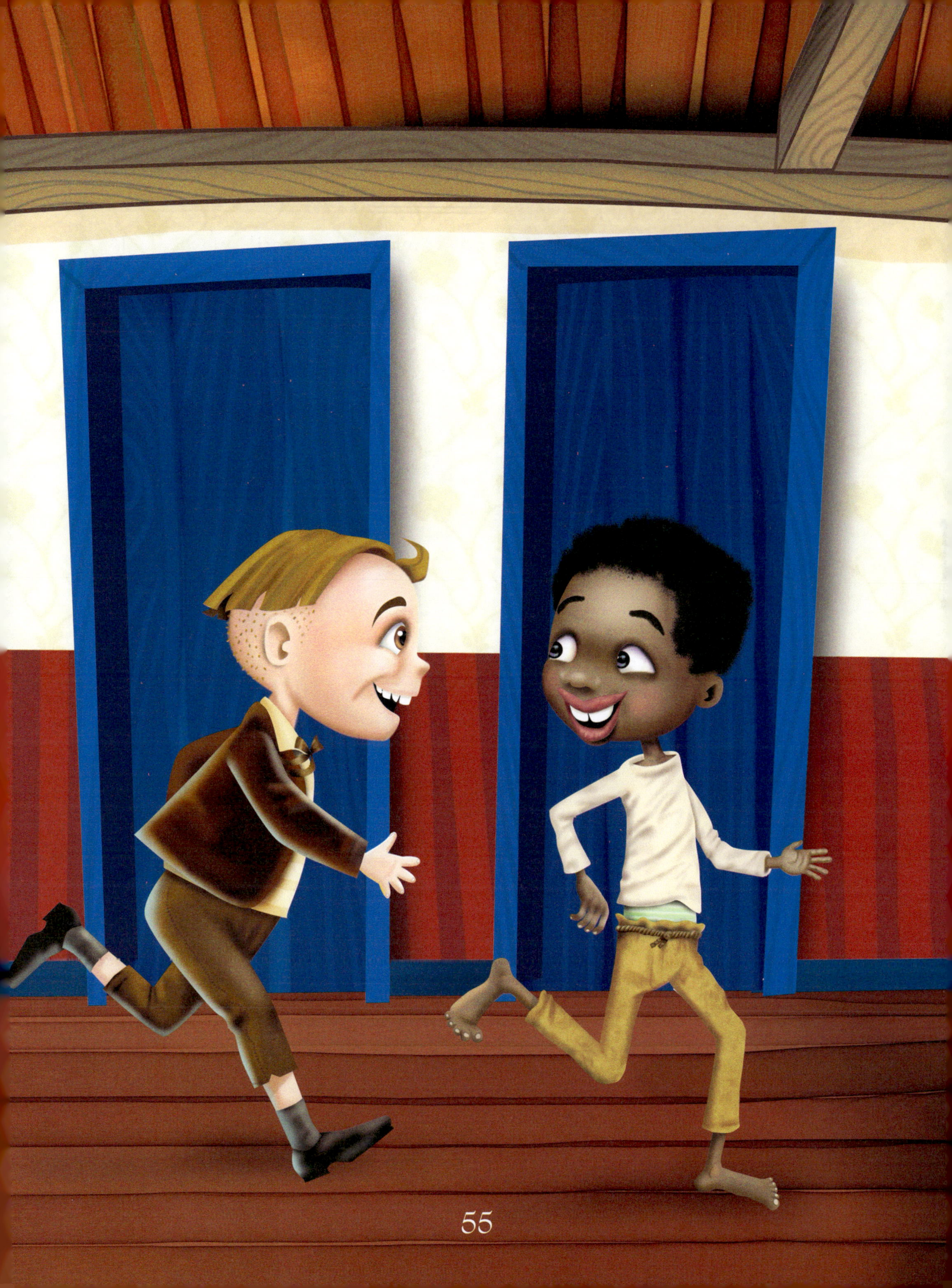

Os pais não sabiam o que fazer com o comportamento do filho amado, pois ele amava todo mundo, como Jesus tinha ensinado.

Dias depois, na hora da oração, na leitura do evangelho, o menino trouxe para frente da casa os escravos, desde crianças aos mais velhos.

O patrãozinho, então, falou:

– Vamos pedir a Jesus para os escravos libertar, pois uns aos outros nós devemos amar!

O patrão olhou para o céu pedindo inspiração, e de olhos lacrimosos, afirmou:

– Nesta casa, está abolida a escravidão!

E todos gritaram bem alto: – Viva a liberdade nesta fazenda de café, quem crê em Jesus Cristo nunca perde a fé!

Uma roda foi formada, e todos deram a mão, e na beleza daquela hora, foi feita uma oração:

– Pai nosso...

AMAI OS VOSSOS INIMIGOS

Esta é a história de dois países vizinhos, que viviam com ameaça de guerra há muitos séculos.

Os generais dos dois países criavam sempre novas táticas para que ninguém conseguisse cruzar a fronteira que os separava.

Dia e noite, noite e dia, centenas de soldados ficavam de vigia.

De um lado uma bandeira vermelha, de outro uma bandeira azul.

E a vida seguia assim, com os soldados de frente uns para os outros.

Dirigentes de outros países já haviam visitado o lado Azul e o Vermelho, mas ninguém conseguia promover a paz.

O governante do país Amarelo foi com sua comitiva levar uma proposta de paz, e disse:

— Que tal criarmos um único país que terá uma bandeira com listras azuis e vermelhas?

— Fora daqui! — disse com raiva o Presidente dos Azuis.

— Onde já se viu uma coisa dessas? — esbravejou o Primeiro Ministro dos Vermelhos.

E o tempo ia passando, e nada de se viver em paz.

Certo dia, uma bola de futebol foi chutada por um menino, que vivia no lado dos Azuis, e foi cair lá do lado dos Vermelhos.

Os generais do lado Vermelho já iam preparar as armas para revidar, mas não deu tempo.

Um menino do lado dos Vermelhos deu um chutão bem forte, e a bola subiu bem alto e foi cair no lado dos Azuis.

E o menino do lado Azul chutou de volta, e durante um tempo, só se via uma bola de futebol cruzar os céus, pra lá e pra cá.

Estabeleceu-se, então, uma torcida entre os soldados dos dois lados, que vibravam quando a bola era chutada de volta para o outro lado.

Até que os pais das crianças, dos dois lados, as chamaram para irem à escola, e a brincadeira acabou.

E voltou-se a monotonia daqueles soldados sérios de cara feia, encarando uns aos outros.

No dia seguinte, sem que ninguém esperasse, o menino do lado Azul passou por baixo das pernas de um soldado e ficou entre os dois lados, com a bola debaixo do braço.

No lado Vermelho, o menino chutador, que de cima de uma árvore observava tudo, resolveu fazer o mesmo e escapou por entre os soldados e ficou de frente ao menino do lado Azul.

Então, eles começaram a chutar a bola entre si.

Eram muito bons, porque não erravam os malabarismos.

Até que, em certo momento, o menino do lado Azul chutou a bola que foi direta para a boca de um canhão.

Entusiasmado com as crianças, um soldado do lado Vermelho saiu correndo para pegar a bola, da boca do canhão, gritando:

— Deixe comigo, essa é minha!

Todos os soldados ficaram paralisados olhando para ele, que pegou a bola da boca do canhão e deu um chute forte para os meninos.

Mas, o chute foi tão poderoso que foi parar na boca do canhão do Exército Azul.

E dessa vez, um soldado do lado Azul saiu correndo para pegar a bola.

E assim que retirou a bola do canhão a jogou para cima, matou no peito e chutou, dando uma gargalhada.

A bola subiu, subiu e subiu, e quando caiu ficou quicando no chão, e, soldados dos dois lados largaram suas armas e começaram a brincar.

O menino do lado Vermelho olhou para o menino do lado Azul, pois os dois não conseguiam pegar a bola de volta.

Foi aí que chegaram o General do lado Azul e o do lado Vermelho.

Eles tocaram a corneta, gritaram com os soldados, mas que nada, ninguém quis mais saber de briga.

Os soldados misturaram-se e começaram a fazer amizade entre eles.

E o Azul misturou-se com o Vermelho, e a vida ficou colorida.

Todos aprenderam que o melhor mesmo é amar uns aos outros.

NÃO SAIBA A VOSSA MÃO ESQUERDA O QUE DÁ A VOSSA MÃO DIREITA

Era uma família com oito filhos, e as condições eram bem difíceis. Mas, mesmo com toda dificuldade, a felicidade habitava aquele lar.

Os três filhos pequenos, André, Adolfo e Clarinha, aguardavam ansiosamente a chegada do Natal.

Aquele ano prometia ser diferente, pois André escutou a conversa do pai e da mãe, na cozinha.

Foi apenas o final da fala, mas deu para ouvir o trecho final, em que o pai dizia: — Vou fazer tudo para dar pelo menos uma bicicleta para eles nesse Natal!

— Mas, como vai ser isso, homem? — a mãe perguntava preocupada. — Nossa situação é sempre tão apertada.

— Pode deixar, mulher, quero ver as crianças sorrindo. Faço horas extras e compro uma bicicleta. Nunca pude dar muita coisa para os outros cinco, mas realizar esse sonho dos meninos é um presente a mim mesmo.

Mexendo a comida dentro da grande panela, ela falou com compreensão:

— Você que sabe!

Era costume naquela casa, em véspera de Natal, deixar os sapatinhos na janela. As crianças já sabiam que dificilmente ganhariam alguma coisa, pois nos anos anteriores tinha sido assim também.

Muita espera, e nada de presentes.

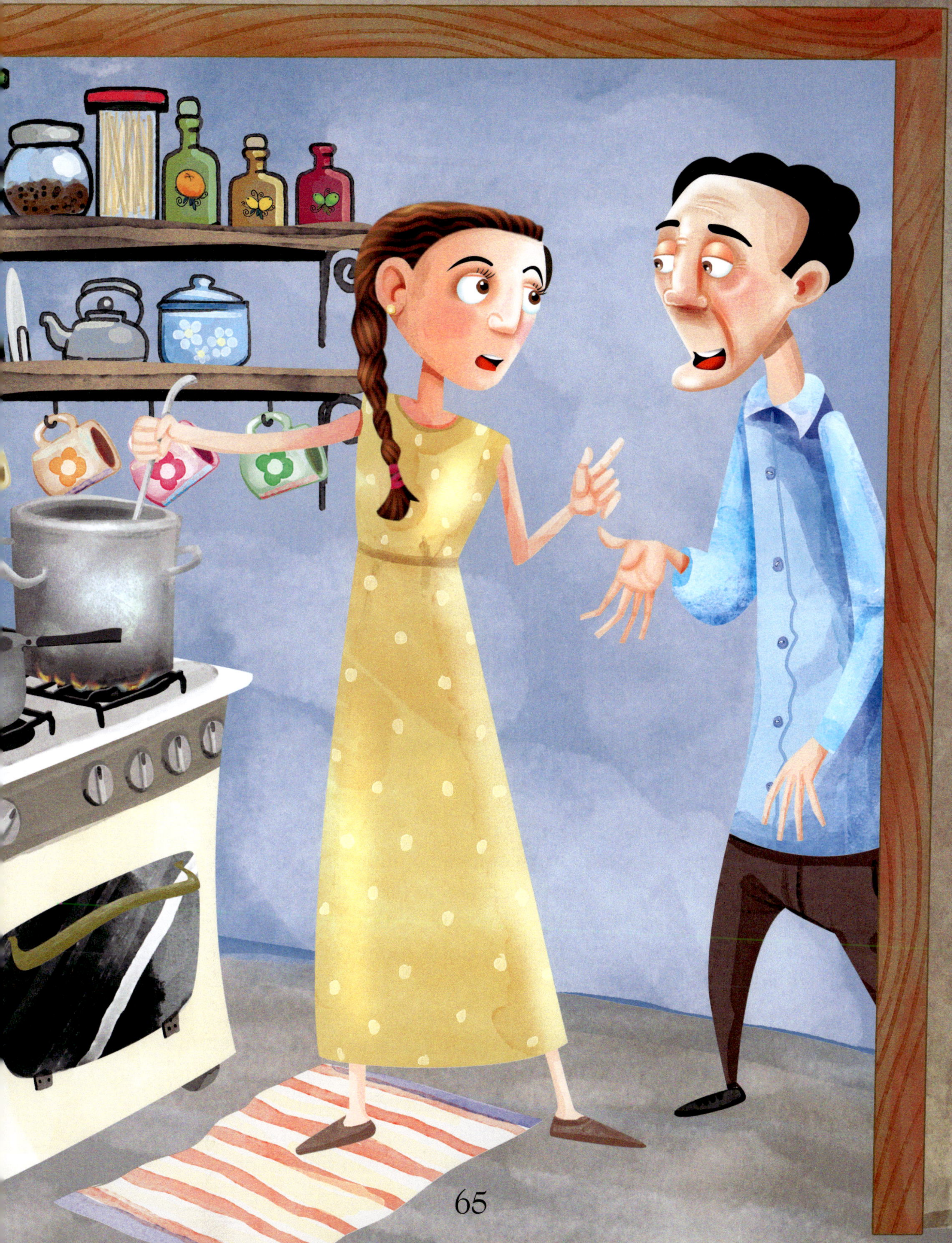

A véspera do aniversário de Jesus finalmente chegou.

As preces costumeiras foram feitas, o agradecimento pela união da família também.

O dia foi passando e envelhecendo... E a noite veio.

Após o jantar, as crianças, de banho tomado e cheirosas, foram para a cama, mas antes, as três foram verificar se os sapatos não haviam caído da janela.

E a noite passou, com o céu estrelado.

Pela manhã, uma bicicleta estava colocada junto à Árvore de Natal.

E quando acordaram bem cedo, as crianças fizeram uma grande festa, deixando a casa perfumada de felicidade pelo sonho realizado.

A bicicleta era grande e vermelha e tinha rodinhas para que as três crianças pudessem aprender a andar.

E aprenderiam a dividir também um único presente.

Orações de agradecimento foram feitas a Jesus, pelo Natal diferente.

O pai, que tinha tido uma vida muito difícil em sua infância, tinha grossas lágrimas empoçadas em seus olhos por ver a alegria dos filhos.

Ele sabia que teria de fazer horas extras, e a esposa costuraria mais roupas para fora, no entanto, os gritos de alegria das crianças não tinham preço.

No almoço de Natal, como nos outros dias comuns, os pais não se sentaram à mesa.

Os oito filhos sentados, pai e mãe de pé.

Sempre foi assim.

***

Os anos passaram, e os filhos menores agora eram adolescentes.

Chegou a hora do almoço, e todos os filhos sentaram-se à mesa.

Os pais ficaram ao redor.

Após a refeição, os filhos saíram e cada um retomou suas atividades, escola, trabalho...

André foi ao banheiro, mas os pais não perceberam que ele ainda estava na casa.

Eles foram até a cozinha e colocaram comida no prato para poderem almoçar.

Sentaram-se à mesa e fizeram a prece.

André aproximou-se da cozinha e ouviu as palavras do pai finalizando a prece:

— Obrigado, Senhor, pelo alimento que sustenta nossa família, e nos proteja e ajude para que nunca falte o pouco que sustenta a mim e à minha esposa, após os nossos filhos. Amém!

Nesse momento, André sentiu grande emoção, e só então descobriu por que seus pais nunca comiam juntos com os filhos.

Eles sempre esperavam que os filhos comessem, e, se sobrasse comida, aí sim, faziam os próprios pratos.

André, emocionado, contou tudo aos seus irmãos.

Naquela noite, na hora do jantar, todos os filhos permaneceram em pé, e só depois que os pais aceitaram sentar à mesa, foi que a refeição teve início com uma emocionante prece e a divisão da refeição.

E André, muito feliz, comentou:

— Obrigado, papai e mamãe, por nos ensinar a lição do evangelho: Não saiba a vossa mão esquerda o que dá a vossa mão direita.

HONRAI A VOSSO PAI E A VOSSA MÃE

Era uma vez, uma mulher muito bonita, que se casou e vivia muito feliz com seu esposo, já há quatro anos.

Seu maior sonho era ser mãe.

Desde que começou a namorar, ela sempre dizia:

— Quero muito ser mãe, é o maior sonho da minha vida.

Finalmente, ela ficou grávida e sentiu-se muito feliz.

O esposo, que a amava muito, não conseguia esconder o contentamento que sentia em seu coração.

E todo final de tarde, quando ele chegava do trabalho, eles se punham a conversar sobre a chegada da criança:

— Será menino ou menina? — ele indagava.

— Não importa — ela afirmava, sorrindo. — É o sonho da nossa vida que vai se realizar!

E dizendo isso, acariciava a barriga, que na opinião dela demorava a aparecer.

Luiza e George amavam-se muito, e certamente a criança traria mais felicidade ainda para os dois.

Os meses foram passando, e a barriga crescendo.

Todos os dias, quando George chegava do trabalho, dava dois beijos na esposa, um na barriga e outro no rosto.

Os meses passaram e, finalmente, chegou o momento do nascimento.

Eles não sabiam o sexo, mas tinham escolhido um nome de menino e outro de menina: Pedro e Amanda, esses foram os nomes escolhidos.

Luiza foi levada para a sala de parto, e em uma hora ouviu-se o choro da criança.

— É um menino! — a enfermeira avisou a George.

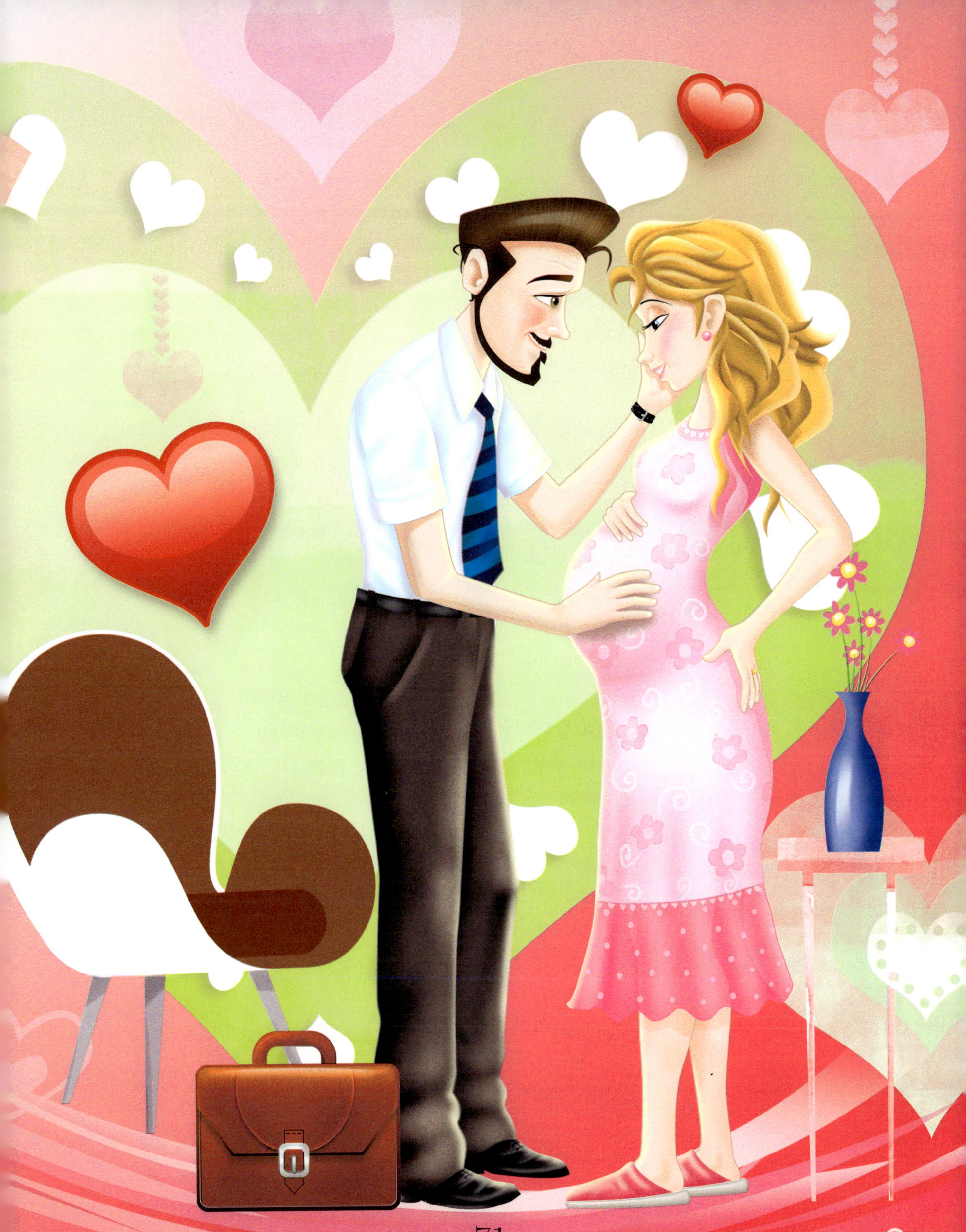

— O Pedro nasceu... — ele falou emocionado.

George e Luiza receberam um presente, um menino que veio alegrar ainda mais a vida deles.

Eles viviam, naquele momento, cercados de fraldas por todos os lados.

E quantas noites Luiza passou acordada para cuidar de Pedrinho?

O tempo foi passando, e todos os cuidados de mãe foram ficando pelo caminho da vida.

Pedrinho cresceu, e seus pais foram ficando com os cabelos branquinhos.

Quando ele já era adulto, George adoeceu e partiu dessa vida.

Luiza e Pedrinho ficaram muito tristes, mas eles sentiam no coração que George estava sempre por perto.

Mais tempo se passou, e Luiza ficou muito idosa.

Seus passos ficaram lentos e sua voz baixinha.

Às vezes, esquecia quem era Pedro, mas ele não esquecia quem era ela.

Com todas as dificuldades da idade, Luiza ainda conseguia cuidar de si mesma.

Certo dia, Luiza adoeceu, precisou ficar internada no hospital.

E todas as noites, Pedro ia dormir com ela para lhe fazer companhia.

Em uma dessas noites, já alta madrugada, Luiza pediu ao filho para auxiliá-la a ir ao banheiro.

73

Então, ele ajudou a mãe a descer da cama e chegando à porta do banheiro, ele a deixou sozinha.

A porta se fechou, e Pedro ficou esperando que Luiza saísse para colocá-la na cama novamente.

De repente, ele ouviu Luiza chamar seu nome.

Caminhou até a porta, encostou o ouvido e perguntou:

— Mamãe, precisa de ajuda?

— Não consigo me levantar... — ela respondeu.

Ele entrou no banheiro e a viu sentadinha com a fralda até os joelhos.

Então, Pedro olhou para a mãe e lembrou que na sua infância, várias vezes sua mãe tinha trocado suas fraldas.

Ontem, era ela quem cuidava dele, naquele momento, a vida permitia que ele cuidasse dela.

Ele caminhou até a mãe e a auxiliou a se vestir.

Naqueles breves minutos, Pedro, emocionado, agradeceu a Deus por lhe permitir cuidar da mãe.

Em silêncio, ele fez uma prece de gratidão e levou a mãezinha para a cama.

Novamente deitada, ela afirmou:

— Já estou pronta, e seu pai virá me buscar!

Pedro beijou a fronte da mãe e ajeitou o lençol.

Ele adormeceu e não percebeu que depois de algum tempo o espírito dos pais, de mãos dadas, ao lado da cama, sorriram para ele e partiram para a vida nova.

Após duas horas, a enfermeira entrou no quarto para dar os remédios e percebeu que Luiza havia partido.

Pedro chorou entristecido, mas agradeceu a Deus por ter honrado seu pai e sua mãe até o fim.

75

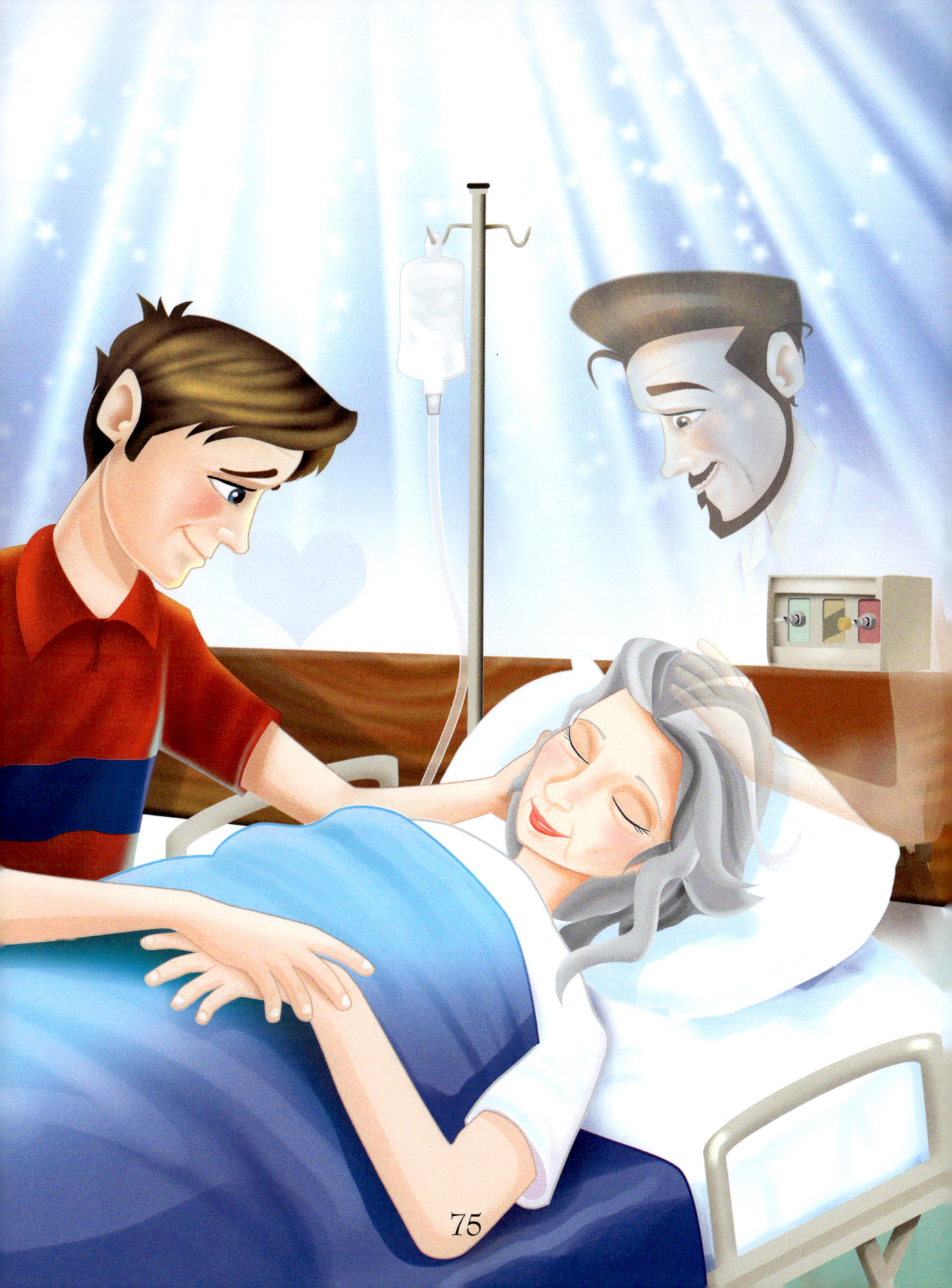

FORA DA CARIDADE NÃO HÁ SALVAÇÃO

E a nossa história começa assim...

Era uma vez, um *pet shop* muito bonito chamado Au au, onde moravam filhotes de gatos, cachorros e peixinhos.

Os animaizinhos viviam felizes porque Andréa, a dona do *pet shop*, cuidava de todos com muito carinho.

Os bichinhos não costumavam ficar muito tempo no *pet shop*, pois sempre surgiam pessoas querendo levá-los para casa.

Andréa, mesmo tendo de se despedir não se entristecia, porque sabia que todos seriam bem cuidados.

Certa tarde, uma senhora entrou no *pet shop* querendo comprar um cachorrinho da raça pinscher.

Disse que seria muito feliz se tivesse um cãozinho assim.

— Sei que ele vai ser meu grande amigo, vou cuidar dele com todo amor do meu coração! — falou emocionada.

A dona do *pet shop* Au au, então, disse para a recém-chegada:

— Farei o que for possível para conseguir um cachorrinho dessa raça!

A mulher ficou muito feliz.

Deixou o número do telefone para Andréa entrar em contato.

Após muita conversa, ela foi embora, no mesmo instante a amiga dos animaizinhos passou a telefonar para muitas pessoas à procura de um cachorrinho.

Dois dias depois, finalmente ela conseguiu um filhote da raça desejada.

Andréa ligou avisando, e pelo telefone a senhora agradeceu muito e avisou que iria buscá-lo imediatamente.

Alguns minutos depois, ela entrou no *pet shop* e abraçou Andréa.

— Não sei nem como agradecer! Vou cuidar dele com todo carinho! Nada vai nos separar!

E falou muito, e fez juras de amor ao pequeno cão.

E ali mesmo resolveu escolher um nome para ele.

Como ele era bem pequeno e pretinho, decidiu que ele se chamaria, Cafezinho.

Depois de alguns minutos de festa, chegou a hora da despedida.

Da porta, Andréa acenava emocionada enquanto o carro partia.

Ela suspirou profundamente e agradeceu a Deus por ter conseguido auxiliar aquela mulher a ter seu cachorrinho.

Alguns dias se passaram, e no começo da tarde a porta do *pet shop* se abriu.

A senhora entrou esbravejando.

— Onde já se viu? Fui enganada!

— Não estou entendendo...

— Eu levei o Cafezinho para casa, e após uma consulta no veterinário, descobri que ele sofre de uma doença grave, sem cura! Você me vendeu um cachorro doente.

Com os olhos cheios de lágrimas, Andréa olhava para Cafezinho que abanava o rabo.

— Mas, o que ele tem?

— Não quero mais falar sobre esse assunto!

E num gesto rude, bateu a porta e partiu com raiva.

Andréa pegou o Cafezinho no colo e lhe fez um carinho.

Olhou nos olhinhos dele e disse:

— Pode deixar, Cafezinho, eu vou cuidar de você! Prometo!!!

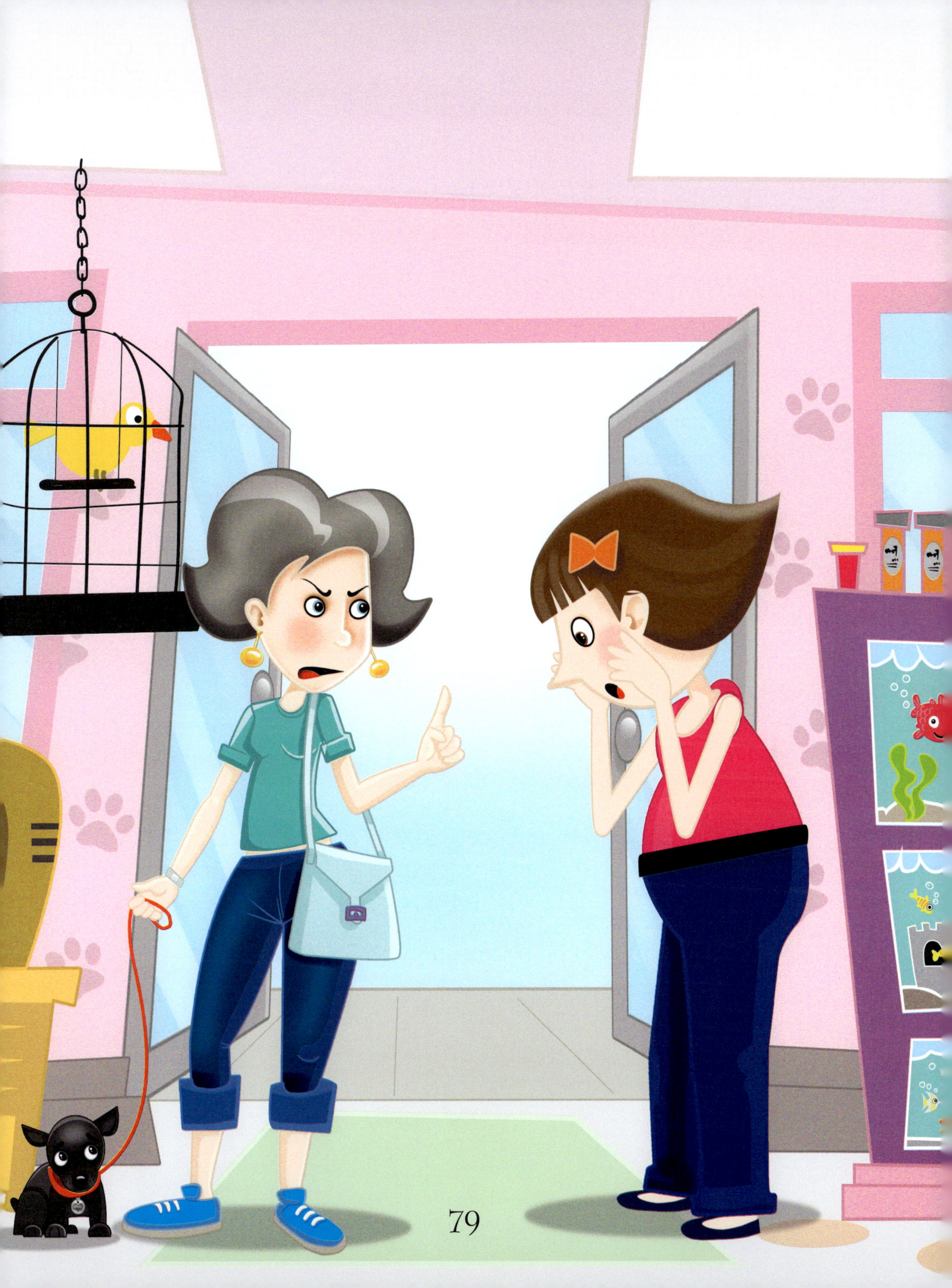

E os dias foram passando...

Cafezinho aprontava feliz, pegava o chinelo de Andréa e o escondia.

Latia para os gatinhos, e sentia ciúmes dela.

Muitos animaizinhos passavam pelo *pet shop*, mas o Cafezinho ficava por lá, recebendo amor e carinho da sua amiga.

Sua saúde não era muito boa e ele ia ficando fraquinho, mas o amor que recebia o fazia muito feliz.

E quando perguntavam a Andréa por que tinha ficado com um cachorrinho doente, ela respondia:

— O Cafezinho precisava de amor, apenas isso! Eu também precisava dar amor, acredito que, "fora da caridade não há salvação!".

81

NÃO SE PODE SERVIR A DEUS E A MAMON

Era uma vez...
Um homem que trabalhava muito para cuidar de seus três filhos.
Ele era muito simples e costumava dizer às crianças:

— Eu não tenho dinheiro para luxo, mas trabalho bastante para ter livros e dá-los aos meus filhos. Livros são tesouros.

Trabalhava noite e dia para dar estudo e boa escola para todas as crianças.

Elas foram crescendo e quando estavam em idade juvenil, o pai chamou-as e disse:

— José, você tem vinte anos, tome aqui cinco livros e cuide deles para mim.

— Manuel, você já tem dezenove anos, pegue esses três livros e cuide deles.

E chamando Linda, com dezesseis anos, entregou a ela um livro. E olhando para os filhos disse:

— Cuidem desses tesouros para mim, pois necessito fazer uma longa viagem e quando retornar desejo saber o que fizeram dos livros.

O pai partiu junto com a esposa para terras distantes.

José, o filho mais velho, vendo-se sozinho e lembrando das palavras do pai, abriu os livros e se pôs a estudar, ganhou sabedoria, e com isso aprendeu que deveria investir em mais livros. Ao final de um tempo, dos cinco livros que o pai deixou, ele já tinha dez.

Manuel, que ficou com três livros, decidiu deixá-los na estante, sem ao menos abrir um que fosse.

Linda leu e estudou o livro que o pai lhe deixou.

Esforçou-se e adquiriu mais um, leu e estudou o segundo e adquiriu um terceiro e depois um quarto, um quinto, um sexto livro e foi enchendo a estante de livros e mais livros. E antes que o pai voltasse, ela escreveu um livro e o dedicou ao pai.

Finalmente, o pai voltou para casa e chamou os filhos para uma reunião.

— Meus filhos, após longa viagem, eu retorno ao lar e gostaria de saber o que vocês fizeram dos tesouros que lhes confiei.

E olhando para todos, sorriu dizendo:

— José, o que fez dos cinco livros?

— Pai — ele falou respeitoso. — Li todos os cinco livros e aumentei minha sabedoria conseguindo mais cinco livros, os quais lhe entrego agora.

— Bom filho, cuidou dos livros e conseguiu mais cinco. Fez bem, pois a sabedoria adquirida é toda sua e ninguém vai tirar esse tesouro de você!

Então, ele sorriu e abraçou José com carinho e felicidade.

— E você, Manuel, o que fez com os livros que lhe dei para cuidar?

— Pai, fiquei com medo de perdê-los e os deixei na estante...

— Mas, você nem abriu os livros para ler?

— Não pai! — e estendendo a mão, entregou os livros empoeirados de preguiça.

O homem apanhou os três livros empoeirados e os entregou a José:

— Tome esses livros e leia para voar em direção aos seus sonhos. — E virando-se para Manuel, afirmou: — Você nunca voará para os mundos que só os livros podem revelar. Vai rastejar na mesma vida chata e sem graça, para sempre!

Decepcionado com a atitude do filho, ele prosseguiu:

— Deus dá oportunidade a todos os seus filhos, mas muitos riem dos tesouros que lhes são confiados e não lhes dão importância. Os livros são pontes para novos mundos, asas para novos horizontes. Não se pode servir a Deus e à preguiça! Não se pode servir a Deus e ao dinheiro!

— E você, Linda? O que fez do livro que lhe entreguei?

— Li e estudei, e consegui muitos livros a partir dele! E aqui está minha grande conquista...

Ela entregou um livro onde se lia o nome dela na capa.

— Você escreveu esse livro, minha filha?

Linda sorriu emocionada e abraçou o pai.

— Os livros que lhe dei são como sementes. Ler é como plantar essa semente dentro do coração e da mente. Os frutos que nascem do esforço são doces e trazem felicidade. Quem lê é mais feliz! Todos podemos receber o tesouro da sabedoria pelos livros para aprender a servir a Deus! Quem não se esforça para aprender e buscar sabedoria terá dificuldades para atender aos planos de Deus!

85

SEDE PERFEITOS

Fred chegou em casa soltando faísca para todos os lados.

A mãe dele logo percebeu que algo estava errado.

Fred era assim, quando ficava com raiva, pisava duro fazendo barulho no chão.

Outra coisa que a mãe dele sabia é que de acordo com o barulho do portão estava o humor dele.

Quando o menino estava feliz, ninguém ouvia o portão batendo, fazendo aquele barulhão, mas quando ele estava com raiva, o portão anunciava pelo estrondo da batida.

E foi em um dia assim: passos fortes pelo corredor do lado, mochila jogada no chão.

— O que houve, Fred, que bicho te mordeu?

A bochecha do menino parecia que ia explodir de tão vermelha que estava. A mãe dele não ouviu nada, a não ser um:

— Rrummmm...

— Fale, menino, o bicho que te mordeu tem nome?

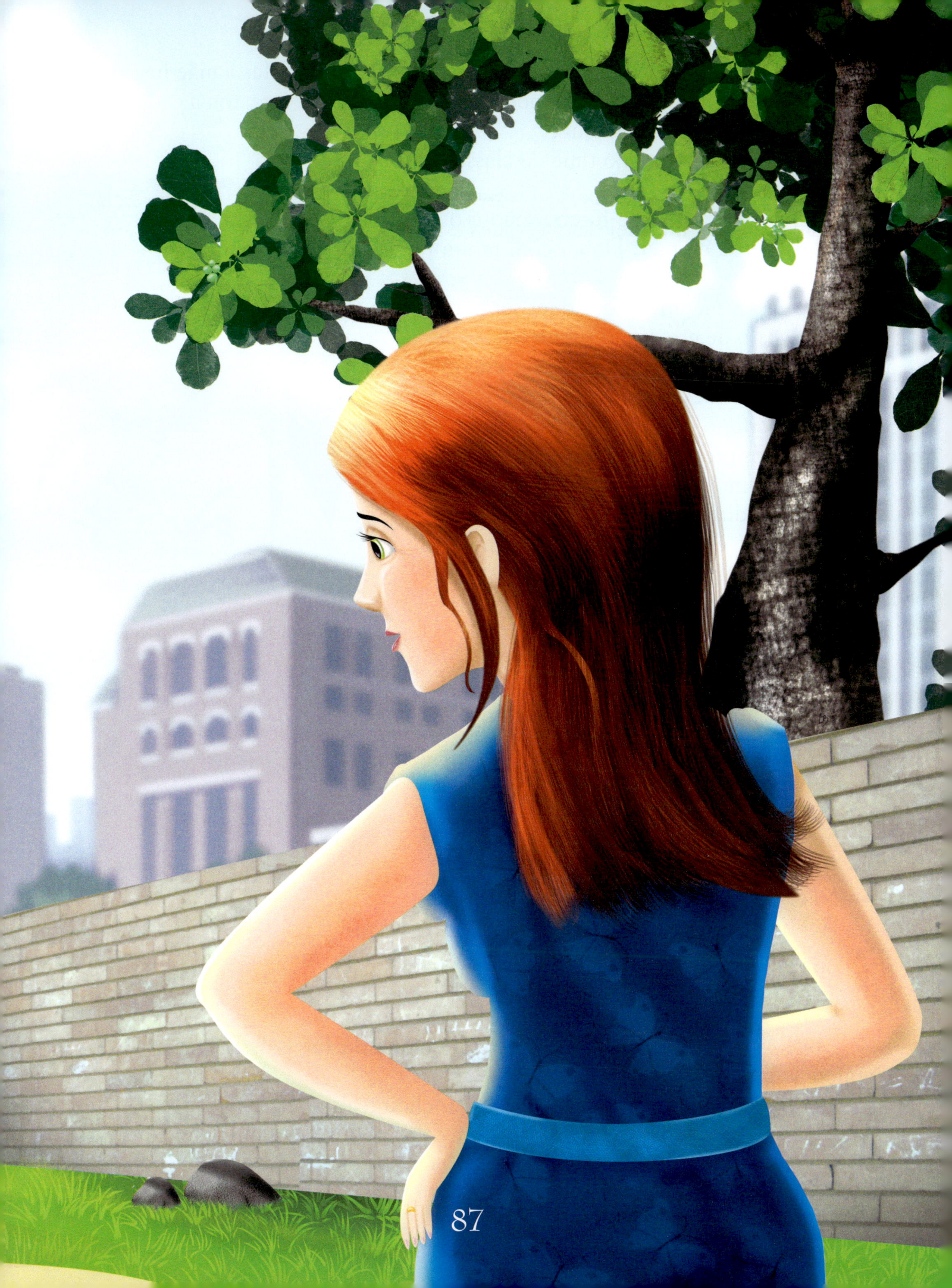

De braços cruzados e bochechas enormes, ele continuou. Mas a mãe insistiu:

— Você bateu o portão, jogou a mochila no meio da sala, arrastou a cadeira e está de bochecha grande. O que houve?

— Não fui escalado para o time da classe!

— Mas, por quê?

— O professor disse que futebol não é o meu forte, e o Dudu aproveitou e me chamou de perna de pau! Fiquei com muita raiva dele e quando puder, vou pegar ele na escola!

— Que é isso, menino? Você quer ser perfeito em tudo?

— Não gosto de errar, não suporto ficar de fora dos jogos da escola. Quando eu encontrar o Dudu, ele vai ver só.

— Fred, perfeito é só Deus! Nós somos todos imperfeitos procurando fazer o melhor.

— Como assim? Quero minha vaga no time!

Esqueci de dizer que Fred tinha algumas frases favoritas e uma delas era perguntar: "Como assim?" Vira e mexe Fred soltava um: "Como assim?"

— Você vai fazer parte do time de vôlei?

— Sim!

— E do basquete?

— Sim!

— Do campeonato de xadrez?

— Sim!

— Então, o que mais você quer?

— Se eu pegasse o Dudu agora eu torcia a orelha dele!

— Essa raiva não vai passar?

— Não, ele me chamou de perna de pau!

— Acho que o Dudu tem razão!

A bochecha de Fred inchou ainda mais, e ele parecia um dragão soltando fumaça pelo nariz.

— Como assim? Minha própria mãe dizendo isso?

— Você é perna de pau? Ou você é um craque do futebol? Por que o Dudu te chamou assim?

Pela primeira vez a bochecha de Fred desinchou e ele abaixou a cabeça.

— Eu estava participando dos testes para selecionar o time da nossa classe e sem querer fiz um gol contra e três pênaltis. No terceiro pênalti que eu fiz o professor me substituiu.

— Puxa, meu filho, não fique desse jeito! O que você faria se estivesse no lugar do professor?

Fred sacudiu os ombros.

— Seja honesto e fale comigo. O que você faria se estivesse no lugar do professor?

— Eu substituiria o jogador.

— Então, meu filho, ele está certo. Às vezes, a gente insiste em fazer coisas que não sabe fazer direito. O professor, quando te tirou do teste, estava te protegendo.

— E o Dudu? Ele tem que levar uma surra!

— Não é assim que se resolve as coisas. Quanto mais você pensar nisso, mais esse sentimento ruim vai crescer dentro de você. Perdoe o Dudu e esqueça o que ele disse.

— Perdoar? Como assim? De jeito nenhum...

— Então está certo, Fred. Hoje à noite vou preparar a sua cama para que você possa dormir junto com o Dudu.

— Como assim? Dormir com o Dudu?

— Pois é, quando ficamos com raiva das pessoas, as levamos para a nossa cama, porque ficamos pensando nelas o tempo todo. Pode deixar que à noite eu preparo a cama para os dois.

Fred tirou a meia suja e jogou contra a parede.

Então, a mãe dele disse:

— Como assim?

E pegou Fred pela mão e disse:

— Pode pegar sua meia fedorenta e colocar no cesto de roupas sujas!

E o menino passou o dia emburrado.

Chegou a hora de dormir e a mãe dele entrou no quarto para fazer a prece com ele.

— Fred, você faz a prece e peça para Deus cuidar do Dudu como cuida de você.

— Eu? Como assim?

— Ande logo, menino!

E ele fez a prece com muita dificuldade.

A mãe o beijou e apagou a luz.

Fred virava para lá e para cá e só ouvia a voz de Dudu dizendo: "Perna de pau". E a noite foi passando e só de madrugada ele conseguiu dormir e ainda sonhou que estava jogando futebol, e na final do campeonato ele marcou um gol contra e cometeu três pênaltis.

No café da manhã...

— Mãe, a senhora tem razão, passei a noite toda com o Dudu na cabeça, acho melhor esquecer que ele me chamou de perna de pau.

— Assim que se fala, Fred, o perdão é a melhor solução quando somos agredidos. Jesus nos pede para sermos perfeitos em virtudes. Aqui na Terra, cada um faz bem uma coisa. Alguns jogam bem futebol, outros são bons jogadores de vôlei, e outros de xadrez. Você deve se esforçar para ser um menino de bem tendo bons sentimentos dentro do seu coração.

— Está certo, mãe!

E no colégio, enquanto Dudu jogava futebol na seleção da classe, Fred estava na torcida para que o time fosse vencedor.

E quando outro colega lhe perguntou:

— Você não vai tirar satisfação com o Dudu?

Ele logo respondeu:

— Como assim?

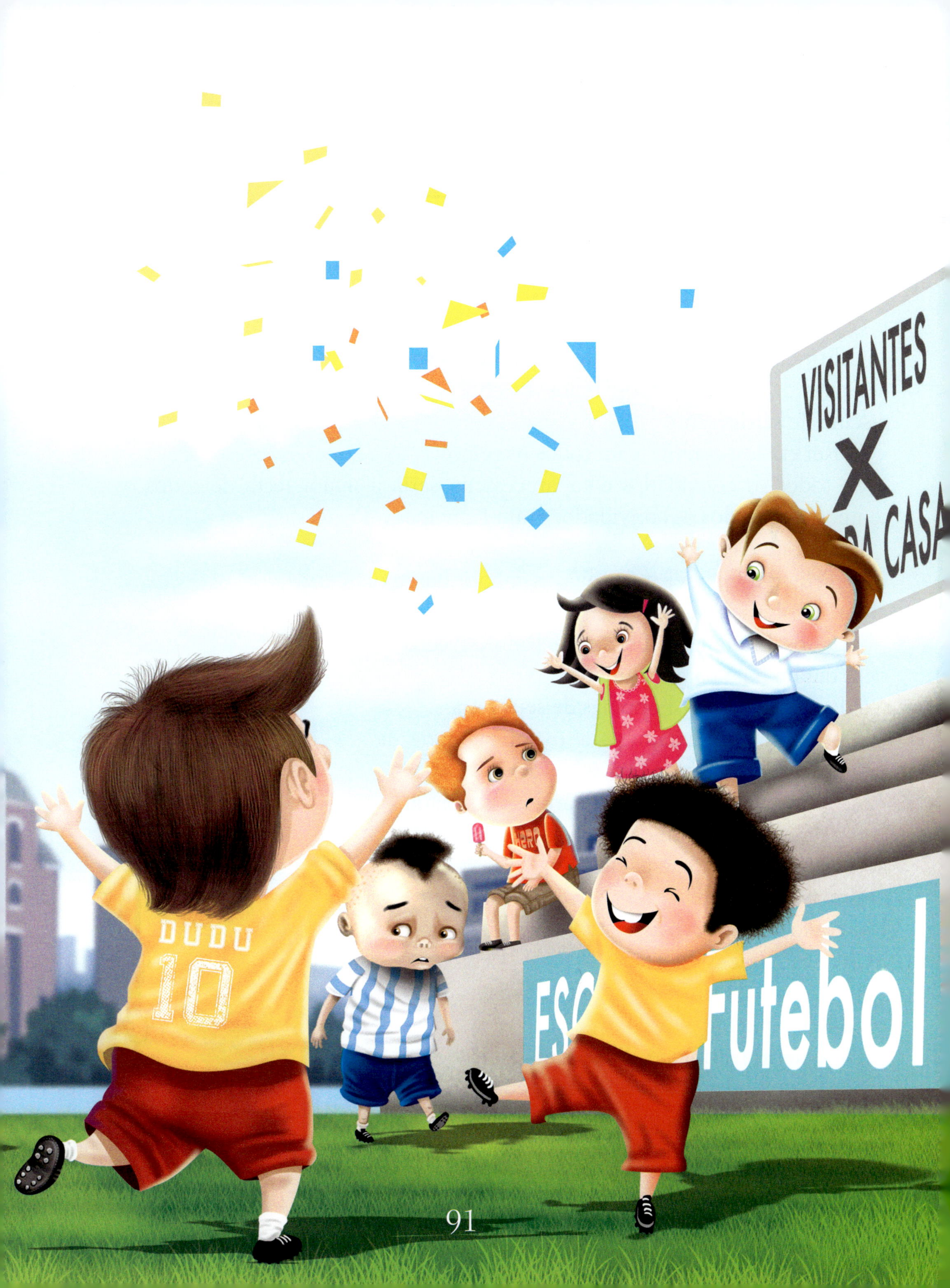
VISITANTES
X
DA CASA
DUDU
10
Futebol

MUITOS OS CHAMADOS, POUCOS OS ESCOLHIDOS

Finalmente, havia chegado o dia.

O aniversário do Príncipe Gabriel prometia ser a maior festa que aquele reino já vira.

Foram contratados palhaços, contadores de história, malabaristas, trapezistas, mágicos e muito mais.

O salão real estava enfeitado.

O Príncipe Gabriel pediu uma decoração especial.

Doces de todos os tipos, bolos de chocolate, balas, bombons, frutas e uma piscina de refrigerante.

O Rei enviou convite para todos os reinos.

Se todos os convidados comparecessem, seria a maior festa de todos os tempos, pois todos os convidados eram Príncipes e Princesas.

Uma festa da realeza.

O Príncipe Gabriel esfregava as mãozinhas, pois certamente ganharia muitos presentes.

Mas, os Príncipes e os Reis e Rainhas convidados nem deram bola para o convite.

Alguns foram aos shoppings de seus reinos.

Outros se mandaram para o campeonato de videogame inter-reinos.

A hora da festa foi se aproximando e, que nada.

Não parava uma única carruagem em frente ao enfeitado portão do palácio.

Preocupado com a festa vazia do filho, o Rei enviou seus servos atrás dos convidados, mas esses se recusaram a ir.

Vendo que o Príncipe Gabriel estava triste, o Rei explicou:

— Querido Príncipe, filho meu, nem todos os convidados são dignos de comparecerem à tua linda festa.

O Príncipe ficou triste.

93

Então, o Rei mandou os servos convidarem a todas as crianças que encontrassem pelas ruas.

E o castelo real começou a se encher de sorrisos e alegria.

O Príncipe Gabriel nunca tinha visto tanta criança reunida.

E um dos servos foi a um orfanato do reino e trouxe todas as crianças para a festa.

O Rei emocionou-se e viu que o Príncipe estava feliz.

O barulho da criançada era muito.

A piscina de guaraná já estava ficando vazia.

As cortinas do palácio sujas de brigadeiro.

O mágico tinha perdido a cartola com o coelho.

Mas o Príncipe Gabriel estava feliz.

As crianças vieram de mãos vazias, sem presentes.

Então, chegou o momento de cantar parabéns.

Na mesa real as cadeiras eram poucas e apenas as crianças puderam sentar.

E o Rei muito feliz exclamou:

"Muitos foram chamados para a festa do Príncipe, mas só as crianças foram escolhidas".

Balas e pirulitos espalhados pelo chão.

Pipoca, cachorro-quente e algodão doce.

Sorvete, guaraná e suco de fruta.

E foi assim o aniversário do Príncipe Gabriel.

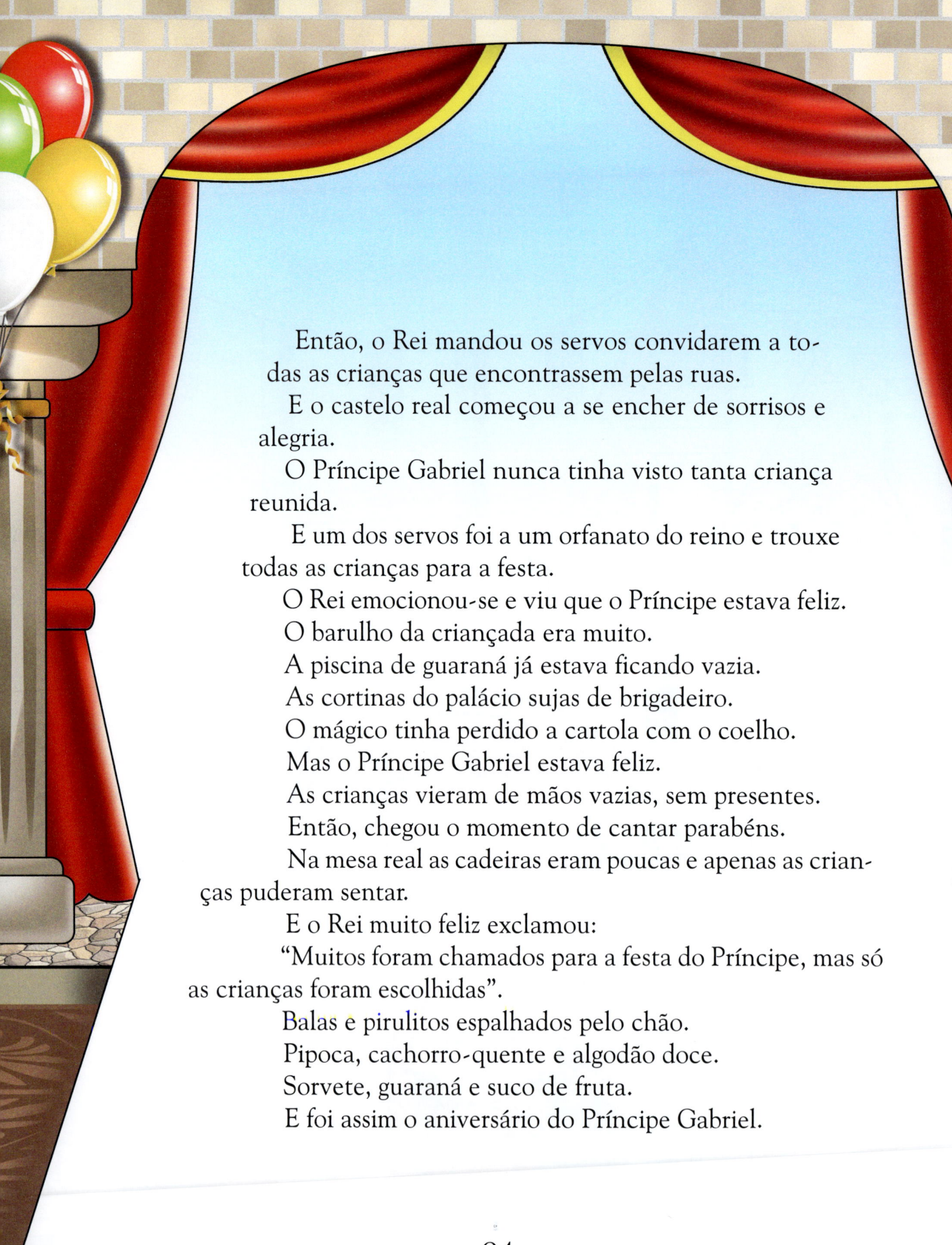

95

A FÉ TRANSPORTA MONTANHAS

E aquele dia nunca mais será esquecido na floresta.

Tudo corria bem, e junto ao pequeno riacho, todos os animaizinhos bebiam água fresca ou se banhavam, porque o dia tinha sido muito quente.

Fazia dias que não chovia e todos estavam preocupados com a seca na floresta.

Se não fosse aquele riacho, os animais sofreriam mais ainda com o calor.

Ouvia-se apenas o borbulhar das águas. Naquele dia, a comunidade de esquilos trazia com ela, para o banho no riacho, Nilo, um esquilo que já era bem idoso.

Nilo andava muito esquecido por causa da idade.

Não foram poucas as vezes que os esquilos mais novos trouxeram nozes para Nilo comer.

Passava-se breve tempo e quando eles se davam conta Nilo tinha sumido com as nozes.

E depois disso ainda dizia:

— Estou com fome!

— Mas, você não comeu as nozes que lhe trouxemos?

— Nozes, que nozes?

— As que trouxemos agora há pouco!

— Não sei, eu esqueci...

Alguns esquilos eram a favor de se mandar Nilo para um asilo de esquilos, onde ele não desse trabalho.

Mas felizmente, Pepe, neto de Nilo, não aceitava e dizia que cuidaria do avô até quando ele precisasse.

Naquele instante, todos se assustaram, porque ouviram o barulho de galhos secos sendo queimados e viram a enorme nuvem de fumaça que se erguia.

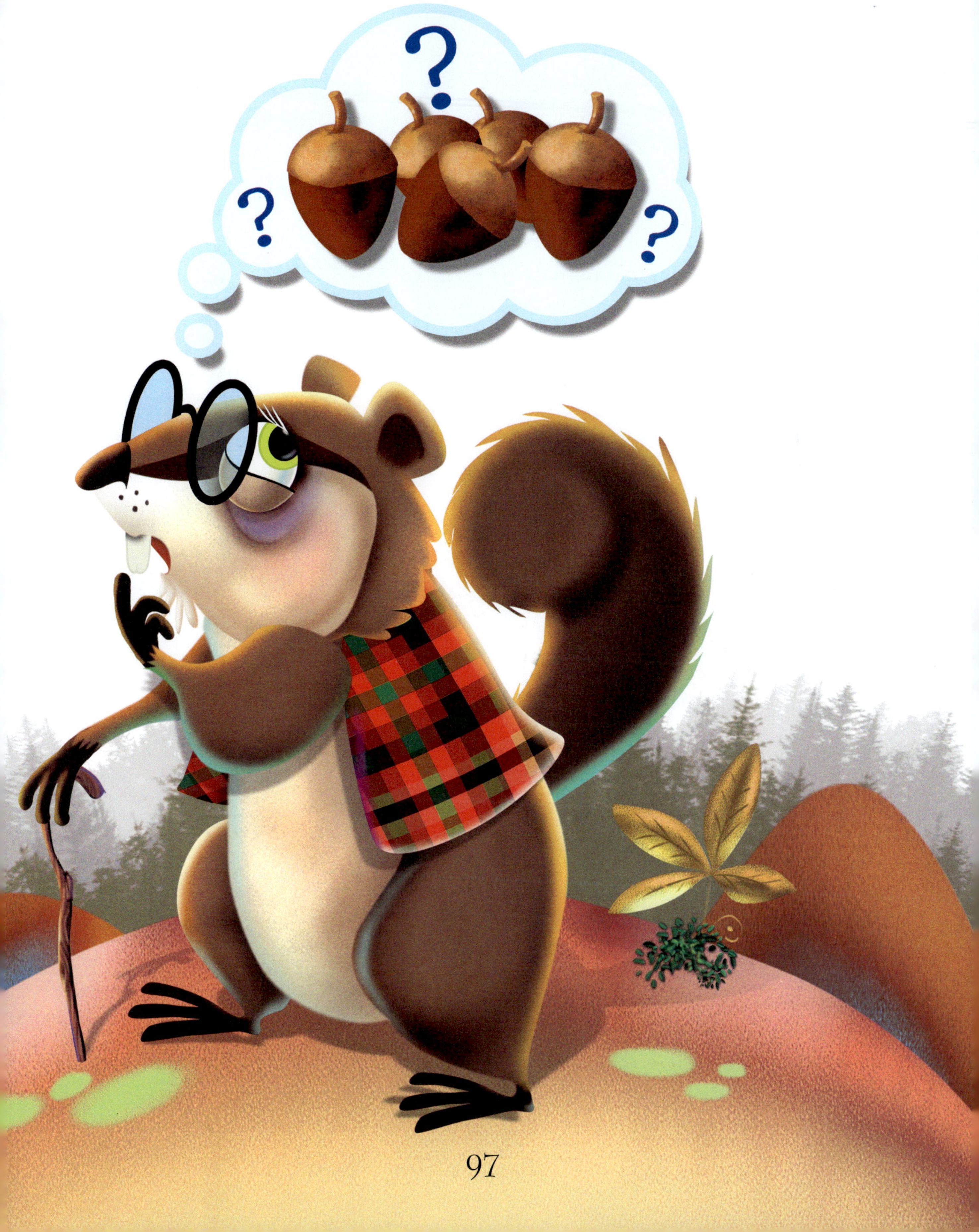

Infelizmente, com aquela seca brava, um incêndio começou na floresta.

E foi uma correria danada.

Pepe se esforçava para levar Nilo para algum lugar onde eles pudessem se sentir seguros.

Aquela parte da floresta queimou rapidamente, e todos os animaizinhos ficaram desolados.

E agora, o que seria da comunidade de esquilos, como iriam se virar para conseguir comida e tudo mais?

A parte que não pegou fogo estava seca e sem alimento para os esquilos.

Nilo, sem entender direito, perguntava.

— O que houve, hein?

— Pegou fogo na floresta, vovô — Pepe explicava.

— Nós vamos para a festa? — Nilo perguntava animado.

— Não, vovô! Pegou fogo na floresta.

— Você bateu a testa? — Pepe desistia de explicar.

Naquela noite, todos os esquilos dormiram ao relento. Os que conseguiram dormir, pois a maioria tinha medo.

Pepe deu boa noite para Nilo:

— Boa noite, vovô!

— Eu não quero cobertor. Hoje está calor!

Pepe com carinho e paciência falou:

— Vovô, notei que o senhor estava mancando, machucou o seu pé?

— É preciso ter fé! A fé transporta montanhas!

— Mas, vovô, a floresta foi queimada!

— Tem que ter fé do tamanho de um grão de mostarda!

— Mas por que o senhor fala isto?

— É verdade, quem disse foi Jesus Cristo. Se tiveres fé do tamanho de um grão de mostarda, tudo é possível realizar.

Um outro esquilo, que ouvia toda a conversa, falou irritado:

— É isso que dá tomar conta de velho!

— Isso mesmo, tem que ter fé no evangelho! — Nilo afirmou.

Minutos depois todos adormeceram.

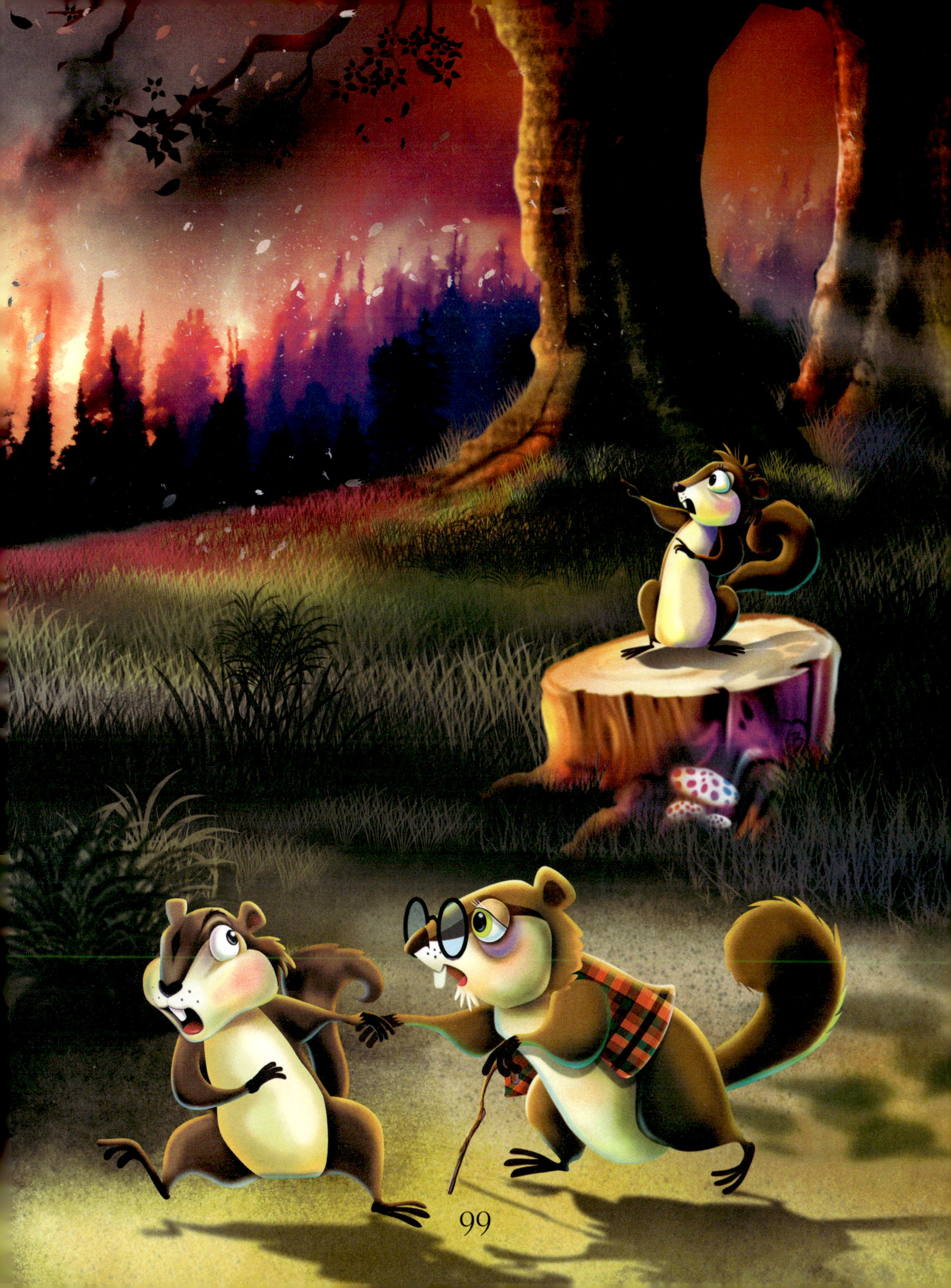

Pela manhã, os esquilos acordaram e não sabiam o que fazer.

Com muito medo, um deles comentou:

— De madrugada, parece que eu ouvi muitas vozes.

Nilo, que fazia esforço para ficar de pé, retrucou:

— Nozes? Vamos buscar as nozes...

E caminhando alguns metros para o interior dos galhos queimados, cavou um buraco de onde desenterrou algumas nozes.

E todos os esquilos, surpresos, foram até ele e descobriram que Nilo havia enterrado muitas nozes, e pela quantidade, foi durante um bom tempo.

E todos fizeram festa.

E Pepe abraçava o avô dizendo:

— Tenho orgulho do senhor, vovô.

— Não estou ouvindo nenhum barulho — retrucou Nilo.

E aquele esquilo revoltado afirmou sorrindo:

— Fomos salvos pelo esquecimento de um velho.

— Isso mesmo, tem que ter fé no evangelho — Nilo falou com convicção.

— Qual será o nosso futuro? — outro esquilo indagou.

— Tudo é só desolação! — mais um lamentou.

E toda a comunidade passou a viver mais próxima do riacho.

E certa noite, a chuva veio com força.

Os esquilos se abrigaram como puderam.

Se não bastasse o fogo, a força das águas também castigava Nilo e sua comunidade.

Todos já se preocupavam, pois ainda viviam das nozes enterradas e esquecidas por Nilo.

Para surpresa de todos, após a chuva cessar, novas plantinhas, que se transformariam em árvores, começaram a brotar.

E novamente se deram conta que Nilo, o esquilo esquecido, havia enterrado nozes em tudo que era lado.

Pepe, emocionado, disse ao avô:

— Vovô, o senhor ajudou a floresta a renascer!

— Quem disse que eu vou morrer? — Nilo perguntou ao neto.

E todos os esquilos da floresta caíram na gargalhada, pois quem iria imaginar que o esquilo mais velho teria fé que move montanhas, como pede o evangelho!

OS TRABALHADORES DA ÚLTIMA HORA

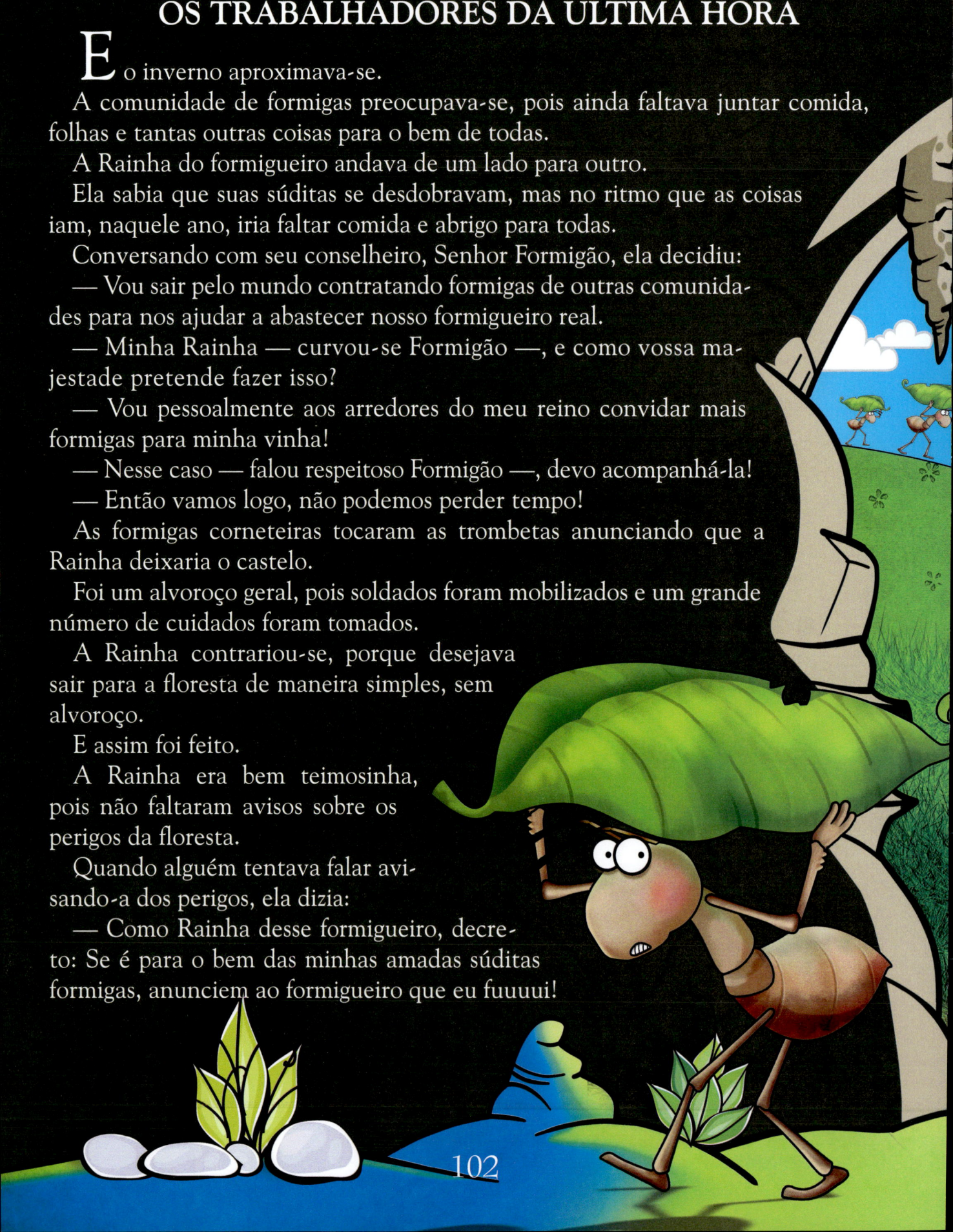

E o inverno aproximava-se.

A comunidade de formigas preocupava-se, pois ainda faltava juntar comida, folhas e tantas outras coisas para o bem de todas.

A Rainha do formigueiro andava de um lado para outro.

Ela sabia que suas súditas se desdobravam, mas no ritmo que as coisas iam, naquele ano, iria faltar comida e abrigo para todas.

Conversando com seu conselheiro, Senhor Formigão, ela decidiu:

— Vou sair pelo mundo contratando formigas de outras comunidades para nos ajudar a abastecer nosso formigueiro real.

— Minha Rainha — curvou-se Formigão —, e como vossa majestade pretende fazer isso?

— Vou pessoalmente aos arredores do meu reino convidar mais formigas para minha vinha!

— Nesse caso — falou respeitoso Formigão —, devo acompanhá-la!

— Então vamos logo, não podemos perder tempo!

As formigas corneteiras tocaram as trombetas anunciando que a Rainha deixaria o castelo.

Foi um alvoroço geral, pois soldados foram mobilizados e um grande número de cuidados foram tomados.

A Rainha contrariou-se, porque desejava sair para a floresta de maneira simples, sem alvoroço.

E assim foi feito.

A Rainha era bem teimosinha, pois não faltaram avisos sobre os perigos da floresta.

Quando alguém tentava falar avisando-a dos perigos, ela dizia:

— Como Rainha desse formigueiro, decreto: Se é para o bem das minhas amadas súditas formigas, anunciem ao formigueiro que eu fuuuui!

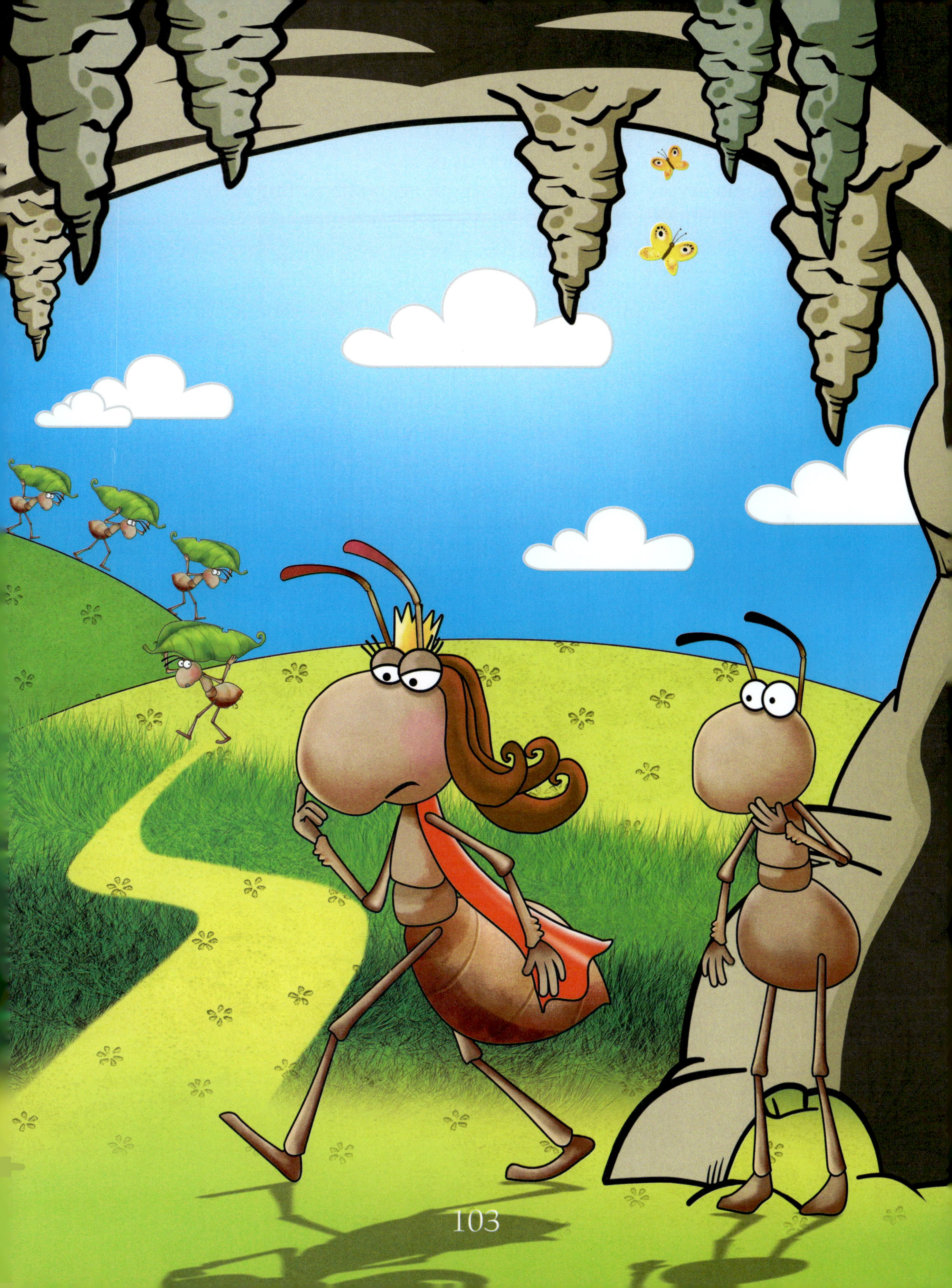

Os portões do reino foram abertos e a Rainha foooi!
Já na floresta...

— Veja ali, meu bom conselheiro Formigão... — e ela apontava.

— Onde? Onde? — ele dizia ajeitando os óculos.

— Junto àquela árvore frondosa, ali tem um grupo de formigas.

Eles caminhavam e a Rainha não perdeu tempo:

— Olá, formigada!

Elas estavam em um bate-papo animado e quando se viraram uma delas falou fazendo reverência:

— Vossa Alteza... — e todas se curvaram.

— Nossa Rainha...

— Fica quieto, Formigão! Deixe que eu mesma cuido disso! — e ela falou alegremente. — É o seguinte, formigada, preciso de trabalhadores para o meu formigueiro. Quem quer colaborar?

— Somos de outra colônia de formigas e já adiantamos nosso trabalho por causa do inverno — e dando um sorrisinho completou: — O que nós vamos ganhar com isso?

— Ela vai pagar... — tentou explicar o conselheiro Formigão.

— Fica quieto, Formigão! Deixe que eu cuido disso! Cada uma de vocês terá o salário de uma pelota de açúcar ao fim do trabalho.

— Uau! — disse uma delas. — Uma pelota inteira só para mim?

— Isso mesmo, açúcar de primeira qualidade! — finalmente falou o conselheiro Formigão, todo animado.

Todas se animaram e resolveram partir para o trabalho.

A Rainha ficou bem feliz com o reforço de formigas trabalhadoras.

Mas uma delas não ligou para o convite, porque só gostava de dançar.

E ainda com ironia afirmou:

— Trabalhei tanto, carreguei tanta folha, agora estou livre para dançar! Não me interessa o açúcar.

E olhando para a Rainha e o Formigão, disse rebolando:

— Que açúcar que nada, meu negócio é rebolar!

E foi se afastando, requebrando para lá, e requebrando para cá.

A Rainha achou interessante aqueles passinhos da Formiga Dançarina, mas não podia ficar ali parada e, com o novo reforço de formigas, partiu.

As novas formigas se entregaram ao trabalho, mas mesmo assim o objetivo estava longe de ser alcançado.

Depois de nova reunião, na sala real, a Rainha decidiu:

— Precisamos contratar mais formigas, chamar mais trabalhadoras para o meu reino.

Então a história se repetiu, pois, horas depois, a Rainha com o conselheiro Formigão novamente partiram.

E logo chegaram às proximidades de uma nova colônia, então ouviram uma música e muitas formigas se requebrando, todas comandadas pela Formiga Dançarina.

Quando a Rainha chegou, a música parou.

— Oh, não... — disse a Formiga Dançarina. — A Rainha de novo?

— Formigada querida... — começou a falar o conselheiro Formigão.

— Fique quieto, Formigão! Deixe que eu cuido disso...

— Sim, majestade! — ele falou se curvando.

— Formigada trabalhadora! — a Rainha começou. — Venho lhes fazer um convite para trabalhar no meu reino.

— Estamos dançando! — reclamou uma.

— Estamos em férias! — disse outra.

— Ofereço uma pelota de açúcar real como pagamento para aquelas que quiserem ajudar!

— Oba!!!!! — a gritaria foi geral.

E todas aceitaram trabalhar no reino da Rainha.

Todas não, quer dizer, menos uma.

— Prefiro me requebrar! — disse a Formiga Dançarina.

E todos partiram, e ela ficou sozinha rebolando.

Novamente no reino, a Rainha e o conselheiro ficaram de olho nos estoques de folhas, mas por mais que todas trabalhassem ainda faltava muito.

Preocupada, a Rainha falou para a corte:

— Vamos precisar de mais trabalhadoras para a última hora. Voltarei à floresta para chamar todas as formigas. Fuuuui!

— Vamos para as colônias mais a Leste, majestade, ainda não fomos lá!

— Você tem razão, Formigão, faremos isso!

E ao chegar nas colônias do Leste, a festa era grande. E quem comandava a festa? Ela novamente, a Formiga Dançarina.

Quando ela viu a Rainha, falou:

— Não se pode começar uma dancinha que a Rainha chega, assim fica difícil.

— Como é que você pode ficar aí dançando enquanto suas irmãs, as formigas do nosso reino, estão trabalhando para ter comida no inverno que se aproxima? — falou aborrecido o conselheiro Formigão.

A Formiga Dançarina parou de rebolar, e para surpresa de todos disse:

— Sabe que você tem razão!

A Rainha estava surpresa com as palavras da Formiga Dançarina.

Foi nesse instante que a Formiga Dançarina virou-se para todas as formigas e pediu:

— Formigada, a Rainha vai pagar uma pelota de açúcar real para quem ajudar a abastecer o formigueiro dela. Nesse momento, eu deixo meu rebolado de lado e parto para trabalhar e ajudar nossas irmãs formigas. Partiuuuuuuu!

A formigada ficou animada com as palavras dela e todas partiram para o trabalho.

A Rainha ficou muito feliz.

O formigueiro foi sendo abastecido como nunca.

A Formiga Dançarina dava umas reboladinhas na hora do almoço, quando parava para comer.

Finalmente, o formigueiro foi abastecido.

Na hora do pagamento, uma formiga, aborrecida, reclamou:

— Eu estou aqui desde o começo e essas formigas chegaram depois. Por que a Rainha paga a mesma coisa para as últimas?

— Eu combinei o mesmo pagamento para todas, desde as primeiras, até as últimas. As que chegaram depois tiveram o mesmo entusiasmo pelo trabalho. Elas foram as trabalhadoras da última hora e trabalharam com o mesmo amor que as primeiras. Todas receberão a pelota de açúcar real — afirmou a Rainha.

E todas receberam o pagamento muito felizes.

No dia da despedida, a Formiga Dançarina ensinou a Rainha a rebolar.

E o formigueiro virou uma festa.

Foi quando a Rainha falou rebolando:

— Formigas que trabalham unidas, também rebolam unidas.

HAVERÁ FALSOS CRISTOS E FALSOS PROFETAS

O cientista Umbelino Troca Tudo passava a vida reclamando.
Para ele tudo estava errado na natureza.
Desde criança, ele era assim.
Gostava de trocar tudo, o mundo tinha de ser diferente.
Queria que o céu fosse amarelo e o sol azul.
Quando ganhava brinquedos, desmontava todos para montar outros de que gostava mais.
Certa vez, ganhou vários bichinhos de pelúcia – leão, tigre, urso, girafa, elefante, macaco e zebra, mas na mesma hora tratou de modificar a todos.
Colocava a cabeça de um no corpo de outro.
Os pais de Umbelino se assustaram quando ele falou:
— Esse é o Ursofante, cabeça de urso no corpo de elefante. Aquele ali é o Giracaco, corpo de girafa com cabeça de macaco.
Os pais de Umbelino Troca Tudo o levaram ao médico e lá ele também aprontou:
— Diga trinta e três! — pediu o médico.
E Umbelino Troca Tudo falou:
— Dezesseis!
— É trinta e três! — novamente pediu o médico.
— Mas eu quero dezesseis! Por que não pode ser dezesseis?
O médico coçou a cabeça, desconcertado.
— Agora respire fundo!
— Por que não pode ser raso? — perguntou Umbelino, desconfiado.
Ele era assim, tudo queria modificar.
Na escola, ele também arranjou confusão na aula de matemática.
— Professora, por que a raiz é quadrada e não redonda?
Português:
— Professora, por que o guarda-chuva não guarda a chuva?

História:

— Professor, por que os brancos escravizaram os negros e os negros não escravizaram os brancos?

E a vida foi passando e Umbelino, mesmo insatisfeito com tudo, foi tirando notas altas.

Até que ele cresceu e se tornou um cientista.

E passava horas e mais horas em seu laboratório.

Ele dizia a todo mundo que iria inventar uma fórmula que mudasse tudo como sempre sonhou.

Então, um dia, ouviu-se gritos vindos do seu laboratório:

— Eureca, caneca, peteca... Consegui... Consegui... Finalmente, inventei a fórmula "Inversus o Versus". Com ela vou mudar tudo! Basta aplicar essa fórmula e pronto. Tudo vai ser como eu quero!

Imediatamente, ele correu para contar a novidade à sua amiga de infância, Lurdinha.

— Venha ver o que eu posso fazer com a minha fórmula, Lurdinha!

— O que essa fórmula faz?

— Com ela, eu vou consertar o mundo.

— Mas o mundo não está errado!

— Claro que está! Veja do que sou capaz!

Umbelino misturou um líquido e o injetou em uma semente.

Ele levou a semente até o jardim do lado de fora do laboratório, a plantou e disse:

— Veja isso!

No mesmo instante, cresceu uma árvore.

— Mas o que é isso?

— É um pé de bananaxi, não está vendo? Uma mistura de banana com abacaxi.

— Bananaxi? E como é essa fruta?

— Ora, é um abacaxi com casca de banana. Nada me irrita mais do que descascar abacaxi com aquela casca grossa.

Diante deles, algumas frutas de bananaxi surgiram maduras.

Umbelino pegou um bananaxi e descascou, sorrindo.

— Faz uma foto do primeiro bananaxi! — pediu.

— Mas isso está errado, esses frutos não são bons. As árvores ruins e más não dão bons frutos!

— Que me importa isso? Veja essa! — ele pegou nova semente e injetou outro líquido, plantou no jardim e pronto, nasceu outra árvore estranha.

— Que arvore é essa?

— Não está reconhecendo? É um pé de milhoca!

— Pé de milhoca?

— Isso mesmo! Uma árvore que já dá a pipoca pronta! Um pé de milho que dá pipoca, basta colher e comer. É o fim da pipoca de micro-ondas.

— Você está errado, Umbelino! Deus criou tudo e a natureza é sábia! Ninguém pode fazer isso que você está fazendo. As coisas falsas não são boas para o homem.

— Que nada! Vou ficar rico mudando o mundo! Nada disso faz mal.

Umbelino encheu as mãos de pipoca da milhoca e colocou na boca.

Mastigou, mastigou, mastigou, então engoliu.

Lurdinha se assustou, porque os olhos dele começaram a virar de um lado para outro.

Suas orelhas abanavam, seus pés não paravam de mexer.

Uma perna queria ir para um lado e a outra para outro lado.

Um braço acenava dando tchau, no outro, os dedos ficavam estalando com ritmo.

Lurdinha correu para levar o amigo ao médico.

— Diga trinta e três!

— Trinta e três... — Umbelino atendeu pela primeira vez na vida, sem reclamar.

— O seu caso é estranho — disse o médico. — Vou ter que misturar dois remédios para ver se resolve.

— Não, doutor, já estou melhor, já aprendi a lição!

Umbelino pediu licença e saiu dali ajudado por Lurdinha.

Os dias foram passando e ele foi melhorando.

— É como eu disse, Umbelino, toda árvore má dá maus frutos, e toda árvore boa dá bons frutos.

— Tem razão, Lurdinha! Eu aprendi a lição.

— Assim sãos os homens, Umbelino, aqueles que são maus dão maus frutos, os que são bons, bons frutos. As coisas feitas por Deus são perfeitas.

Umbelino sorriu e disse:

— Apesar de tudo que eu fiz, ficou uma lição para eu guardar e lembrar.

— O que foi, meu amigo?

— Todas as noites, antes de dormir, eu peço perdão a Deus trinta e três vezes.

Eles caíram na gargalhada e se abraçaram com carinho.

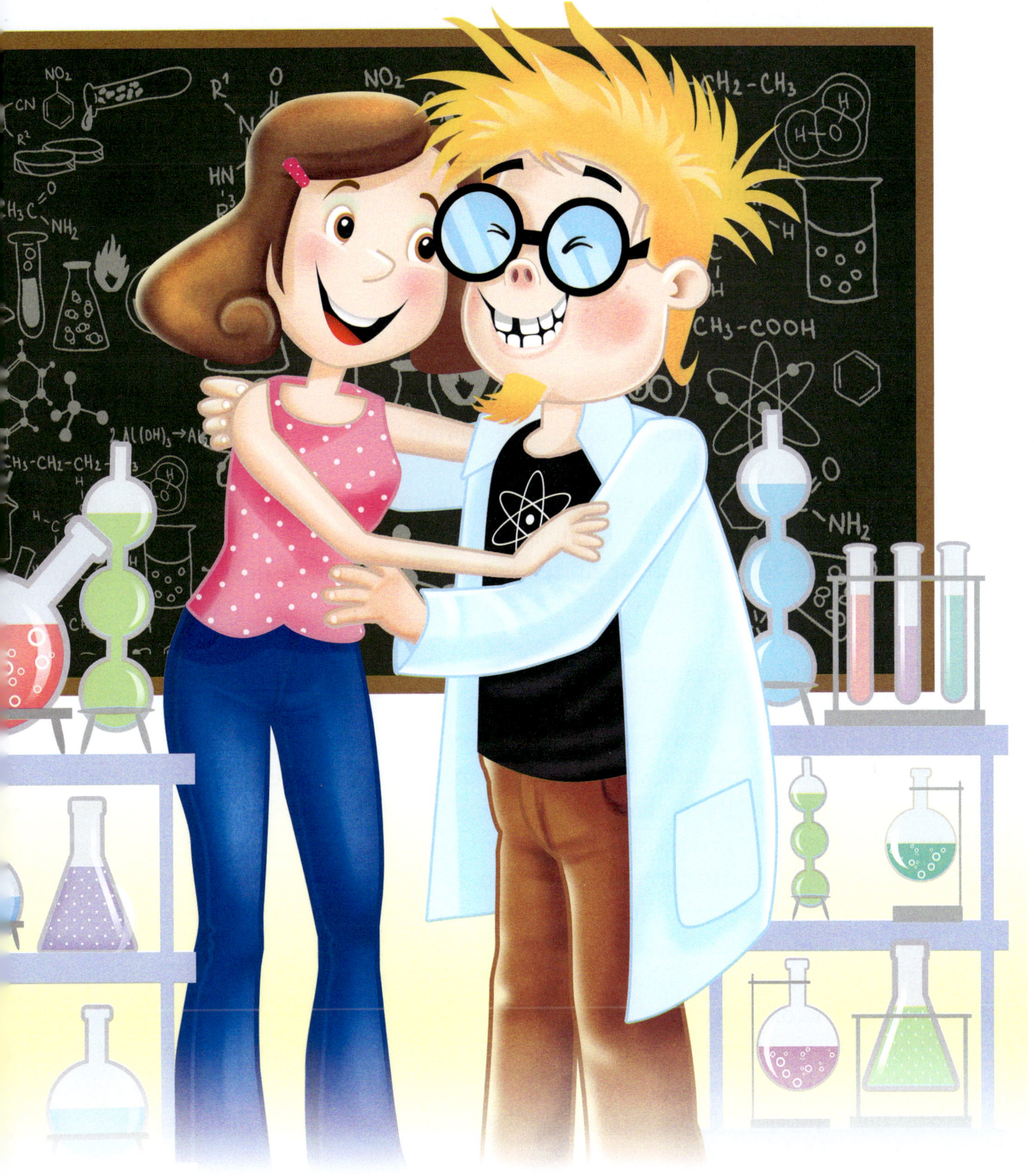
NO2
CN
CH2-CH3
CH3-COOH
NH2

NÃO SEPAREIS O QUE DEUS UNIU

— Quer casar comigo?

A pergunta feita pelo Gambiel deixou a Tartaruga Nilza chocada.

Aquilo não podia estar acontecendo justamente com ela.

— Você não tem o direito de mexer com as minhas emoções, Gambá Gambiel!

Gambiel, que era mal falado na floresta, usava todo seu charme para conquistar Nilza, que era toda inocência.

— "Não tive essa intenção" — ele disse com carinho na voz.

— Você sabe que meu maior sonho é constituir família. Há anos, espero um pretendente para dividir meu casco com ele.

— Não tenho culpa, Nilza, foi uma coisa de pelo para casco. Todas as vezes que te vejo passar em direção ao riacho, sempre digo a mim mesmo: "Ali vai um casco que pode virar a cabeça de qualquer gambá!"

— O inverno está chegando e nada como um casco a dois para se aquecer no tempo frio — Nilza dizia virando os olhos.

— Não é que eu tenha interesse no seu casco, Nilza, mas ele deve ser o meu número. Quer dizer, o nosso número!

— Não fale assim, Biel!

Gambiel já estava conseguindo iludir a pobre Nilza, porque ele demonstrava apenas interesse no casco dela.

Samanta, a Anta, que estava ali por perto, preocupou-se com a Tartaruga Nilza, pois ela sabia da inocência da amiga e também da má fama de Gambiel, além do cheiro conhecido de todos, é claro.

— Quem sabe num dia desses, você me convida para entrar no seu casco, Nilza?

Inocente, ela deu um risinho envergonhado.

— Vou pensar no seu caso, Biel! — ela disse, enfiando a cabeça no casco.

— Afinal, quem casa quer casco, né Nilza?

Ela não pôs a cabeça para fora do casco de tanta vergonha, só se via os olhinhos dela no escurinho do casco.

— O que será que tem dentro desse escurinho? — Gambiel falou sorrindo.

Samanta, a Anta, aproximou-se de Nilza e disse irritada:

— Mas não é possível, Nilza! Os bichos dessa floresta vivem te iludindo e você cai na conversa fiada deles?

— Sou de família, Samanta, meu sonho é me casar!

— Você não tem nariz, Nilza? Já sentiu o cheiro do Gambiel?

— No amor isso é um detalhe, Samanta.

— Que coisa, Nilza, como você vai viver com ele no mesmo casco? E seus filhos? Serão o quê? Gambarugas?

— Assim você me ofende, Samanta! Eu sempre desconfiei que você tivesse interesse no Biel. Está com inveja?

— Biel? Minha amiga Tartaruga Nilza está apaixonada por um gambá e diz que sou eu?

Nilza, quando ficava irritada, ia para dentro do casco, e nem as perninhas ficavam do lado de fora, e foi isso que ela fez.

— Não diga que não lhe avisei!

Na manhã seguinte...

Gambiel trouxe uma banana para Nilza.

— Obrigada, Biel! — ela falou emocionada.

— Nilza — ele falou em tom sério —, você sabe que quando a gente casa tem que dividir as coisas, não é?

— Sei sim, Bibi...

Samanta, que escutava tudo, não acreditava no que ouvia: "Bibi!" Como minha amiga é boba.

— Então, antes de oficializar nossa união, precisamos fazer um teste para ver se no meu futuro lar tem espaço para mim. — disse Gambiel.

— Você quer entrar aqui? — ela falou, sem jeito.

— Isso mesmo! Posso?

— Não sei, sou uma Tartaruga de família. Você promete me respeitar?

Gambiel beijou as patinhas cruzadas e disse:

— Prometo!

— Então tá...

Samanta assistia a tudo.

Gambiel fez um esforço imenso, pois entrou pelo lado errado e ficou com a cabeça para o outro lado da cabeça da Nilza.

— Assim vai ser difícil o diálogo, Nilza. Casamento só dá certo se tiver o olho no olho, e parece que não é bem esse o nosso caso. Além disso, estou me sentindo sufocado, bem que me falaram que certos casamentos sufocam a gente.

Nilza, que era inocente, deixou duas lágrimas rolarem dos seus olhinhos.

— Estou achando que não vai dar certo também.

— Como assim? Está me dispensando, Nilza?

— Tipo assim, estou! Não rolou essa coisa de casco com pelo! Ainda tem o cheiro...

— Está me chamando de malcheiroso, Nilza?

— Saia daí, Gambiel, e deixe minha amiga em paz! Você não sabe que casamentos por interesse não dão certo? — Disse Samanta.

— Obrigada, amiga! Você tinha razão, ele só estava interessado no meu casco, não era amor!

Gambiel foi saindo de fininho e sem graça.

— Daqui para frente, só vou gostar de quem gosta de mim!

— Isso mesmo, Nilza! Agora vá até o riacho tomar um banho, porque a coisa ficou feia e o cheiro está insuportável.

— Vou sim, amiga, quem sabe não aparece alguém no caminho que respeite a minha inocência.

As duas amigas caíram na gargalhada.

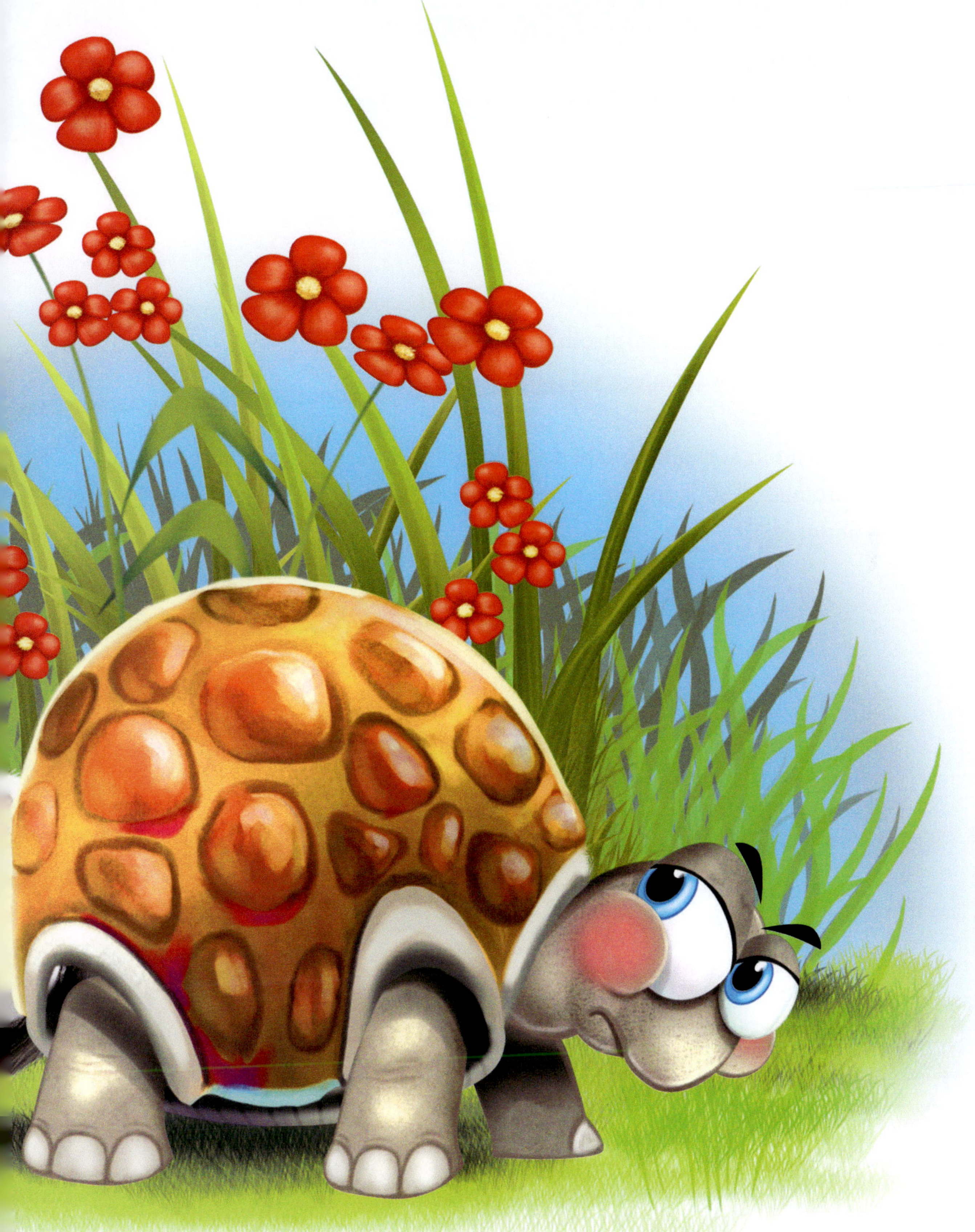

ESTRANHA MORAL

Havia na selva um leão muito temido, pois seu rugido era ouvido a muitos quilômetros de distância.

Ele vivia com outros leões e comandava a todos com grande força e energia.

Mas ele também era conhecido por sua grande sabedoria e, não raras vezes, muitos animais o procuravam para um aconselhamento.

Sua fama percorria montanhas e vales.

Os macacos diziam:

— Nunca se viu força, rugido e sabedoria igual!

E todos os animais já sabiam que quando Leãonardo, esse era o nome dele, rugia alguma coisa acontecia.

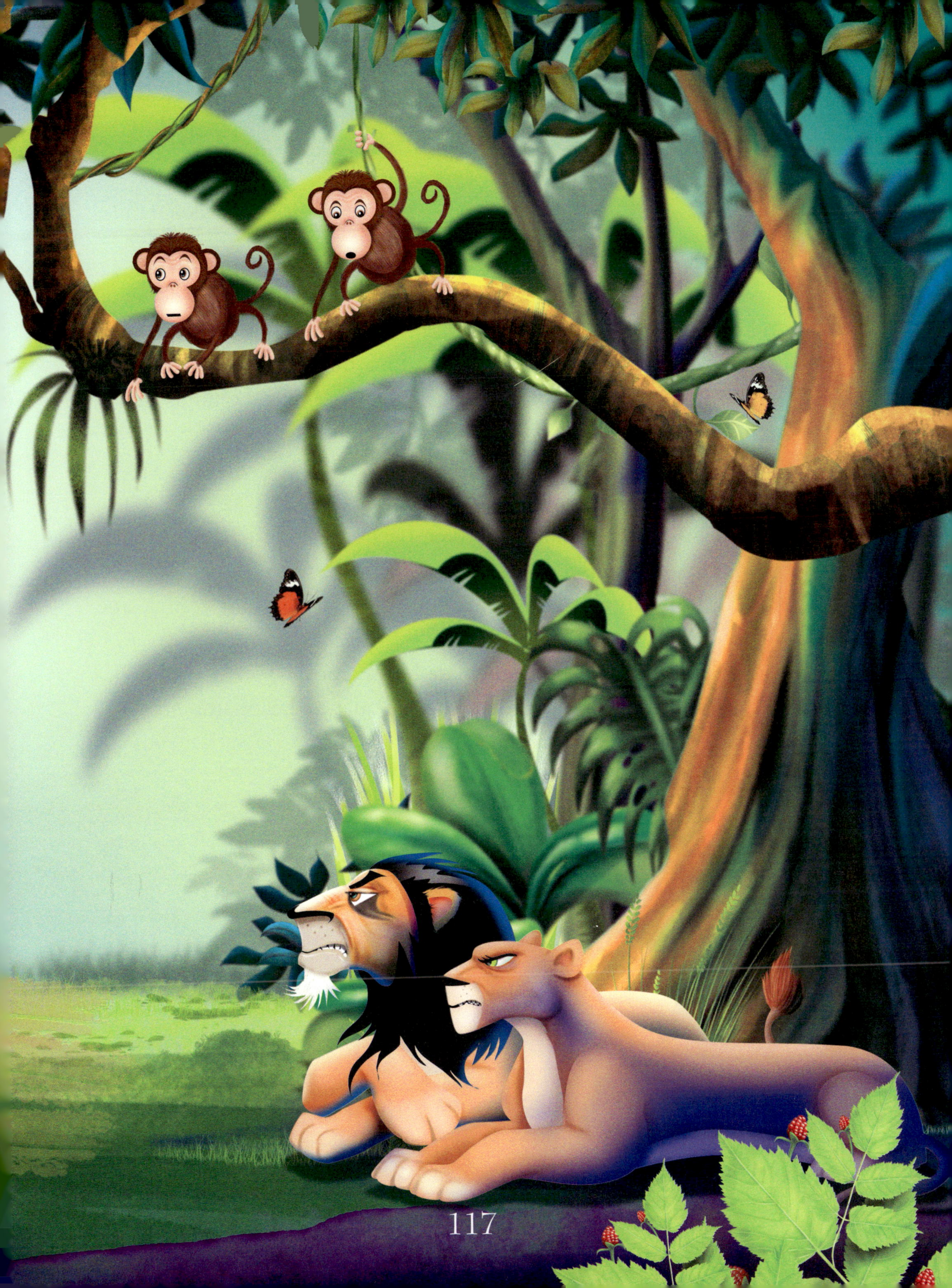

De longe, um outro leão chamado Leãopoldo se enfurecia de inveja.

Ele se juntava com uma leoa, a Leocádia, para tramar a queda do rei de todos, o Leãonardo.

O leão invejoso sempre achava estranho que na hora da caçada, Leãonardo se afastava e não atacava os outros animais, como as zebras e os guinus.

Leãopoldo pensava consigo mesmo:

— Será que ele tem algum segredo?

E decidiu investigar, combinando com Leocádia de os dois passarem a vigiar todos os passos do Rei da Selva.

Certo dia, o grupo de leões aproximou-se de algumas zebras que pastavam.

Ninguém podia atacar sem a ordem de Leãonardo.

A barriga dos leões já estava roncando, foi quando Leãonardo arriscou:

— Pessoal, vocês estão com fome mesmo?

— As crianças estão com fome, coitadinhas! — Alertou Leoana.

— Mas poderíamos comer umas frutinhas, quem sabe?

Todos estranharam as palavras de Leãonardo.

Nesse instante, Leãopoldo piscou para Leocádia e disse baixinho em seu ouvido:

— Ele é estranho, onde já se viu oferecer frutas para as crianças?

— Que tal um capinzinho? Sabe como é, as zebras têm listras e ouvi dizer que quem come animais com listras fica listrado por dentro.

Alguns leões se revoltaram:

— Que papo é esse, Leãonardo? — disse um.

— Qual é? Quer que nos tornemos vegetarianos? — afirmou outro.

— Daqui a pouco, vai querer que a gente tome sopa! — alertou outro.

— Onde já se viu um Rei da Selva com essa estranha moral, parece até que foi criado tomando papinha! Eu, hein! Sai fora!

— Vamos eleger outro líder! — Leãopoldo propôs. — Sugiro que ele seja como eu, simpático, mas carnívoro!

Nesse momento, Leãonardo rugiu:

— Rrrrrrrrrrrrrrrrrrrrrrrrrrrr!

E todos estremeceram.

— Ainda sou o rei e quem manda sou eu! Sempre fui um rei honesto, por isso, vou lhes contar a verdade.

Todos se entreolharam assustados com aquela verdade que seria revelada.

As zebras que estavam longe se aproximaram para ouvir, pois parecia que o assunto interessava muito a elas.

Depois de algum tempo, Leãonardo falou:

— Sinto muito decepcioná-los, mas não sou um leão igual aos outros. Não consigo olhar nos olhos de uma zebra ou de um guinu e mordê-los sem piedade!

— Ohhhhhhhh!!! — os animais disseram ao mesmo tempo.

— Isso é uma vergonha para a nossa raça! — Leãopoldo afirmou irado.

— Pessoal, nem só de carne vivem os leões! — Leãonardo falou com calma. — Mas posso entregar meu cargo, numa boa.

— Logo vi que Leãonardo virou a cara outro dia com certo nojo, quando dei uma mordida numa girafa! — Leocádia disse com ironia.

— Rrrrrrrrrrrrrrrrrrrrrrrrrrrr! — novo rugido de Leãonardo. — Devo lembrar aos membros desse bando que quem ainda manda sou eu — e tomando coragem prosseguiu. — Eu confesso! Me tornei um leão diferente. Não tenho coragem de matar para comer, esse sou eu. Não suporto mais comandar essas caçadas e ver o massacre de outros animais. Almoço com lágrimas não combina mais comigo. Por isso, renuncio ao meu trono de Rei da Selva.

— Que lindo! — disse uma zebrinha com os olhos a piscar.

— Cale a boca! — pediu outra zebra. — Quer que eles se lembrem que ainda não almoçaram?

A zebrinha, então, silenciou engolindo em seco.

Três candidatos se apresentaram para concorrer ao trono.

— O que vamos fazer sem sua liderança, Leãonardo? — indagou Leontina, uma leoa que gostava muito de Leãonardo.

— Somos os responsáveis pelo nosso destino, quem quiser me seguir, terá de abandonar velhos hábitos.

E dizendo isso, Leãonardo se juntou às zebras e partiu com seu novo bando.

E pela Selva corria o boato de que Leãonardo era visto pela região acompanhado de zebras, girafas e guinus.

NÃO PONHAIS A CANDEIA DEBAIXO DO ALQUEIRE

Era uma vez um vagalume chamado Pisca que vivia próximo a um brejo. Pisca era muito discriminado e sofria *bullying* por parte dos outros vagalumes. Desde pequeno, Pisca se mostrava diferente, sabe por quê?
Eu te conto!
Pisca não piscava como os outros vagalumes, sua luz vivia sempre acesa e ninguém, na comunidade dos vagalumes, sabia explicar por quê.

123

Durante o dia, até que ele tinha alguma companhia para conversar, mas quando chegava à noite, pronto, ninguém queria ao lado dele ficar.

Todos os outros vagalumes tinham medo dos predadores, e ficar ao lado de Pisca aumentava os riscos de se tornar uma refeição de rãs e caranguejos.

Pisca era um bom vagalume e para proteger seus amiguinhos, aprendeu a voar bem alto, lá para cima da copa das árvores.

E sempre que anoitecia, sua asa batia, para demonstrar seu amor.

Certa noite, porém, ao subir às alturas, se encheu de ternura ao olhar para o chão.

Perto de um charco, um brilho piscava farto, cheio de emoção.

Era uma vagalume, que do chão contemplava o voo que Pisca dava em torno da Lua.

Estava em tempo de amor e ela queria namorar.

Pisca ficou apaixonado e voando para todo lado, resolveu pertinho pousar.

— Qual o seu nome? — ele, então, arriscou.

— Me chamo Luzinha, e como garota vagalume espero um amor.

— Sei que você não pode voar como voam os garotos, pois é da sua sina ser mãe pequenina dos pirilampos do mundo.

Luzinha e Pisca trocaram olhares apaixonados e prometeram ficar juntos. Mas o destino deles era sofrido, pois Pisca não podia demorar muito tempo ao seu lado, porque sua luz poderia atrair caranguejos e rãs.

E eles namoravam assim, um voo e um beijinho breve.

E todas as vezes que Pisca descia ao chão prometia:

— Ainda te levo para voar comigo!

Durante o dia, eles não se viam, porque Luzinha vivia escondida.

Certa noite, algo grave aconteceu e várias rãs saíram do brejo para atacar os vagalumes.

A gritaria foi geral, porque os vagalumes não sabiam para onde ir.

Eles piscavam desesperadamente e se perdiam uns dos outros.

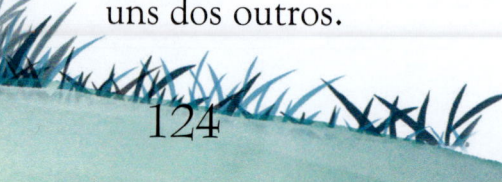

Foi nesse instante que Pisca gritou:

— SIGAM MINHA LUZ ACESA!

E como um farol pequenino iluminando o caminho, ele subiu bem alto, sendo seguido pelos preocupados vagalumes.

Nesse momento, ele olhou para o chão e viu Luzinha com seu brilho verde.

Num voo rasante, ele pousou e com grande esforço bateu as asinhas para fugir de uma grande rã que já colocava a língua para fora.

— Ufa, ufa, ufa! — ele disse cansado e subindo alto.

Os outros vagalumes fizeram um círculo em volta do casal e todos voaram para longe dali.

Pisca ficou muito feliz e ouviu as palavras agradecidas de Luzinha:

— Você salvou todos os vagalumes daquele brejo, porque teve coragem de colocar a sua luz bem alto para ensinar e mostrar o caminho para todos nós!

Pisca emocionou-se com as palavras de sua namorada, com quem se casou e teve, por filhos, muitos pirilampos...

E a família de Pisca era diferente, como ele, porque todos piscavam luzes coloridas.

Ele seguiu sua vida, enquanto pai, colocando a luz do amor sempre alta para que todos pudessem enxergar e aprender com ela.

BUSCAI E ACHAREIS

Viviam em um grande jardim, flores de todos os tipos.

Papoulas, rosas, cravos e muitas outras.

Todas andavam muito preocupadas, pois o sol havia se escondido atrás de muitas nuvens e havia dias que ele não aparecia.

Perguntavam umas:

— Será que ele vai voltar?

— Estou com minhas pétalas pálidas, será que o sol anda zangado? — indagavam outras.

E do céu veio a chuva e a reclamação aumentou:

— Nossa! — afirmava a margarida toda vaidosa. — Desse jeito é impossível manter minha beleza.

— Isso é obra do homem! — afirmava uma borboleta que voava em torno das rosas. — É isso que dá pensar só em progresso e dinheiro.

— Outro dia... — lembrava uma abelhinha pousada numa folha. — Saí para o meu passeio matinal pelo jardim e tive uma tosse danada. Tudo isso por causa do veneno que o homem coloca nas plantas.

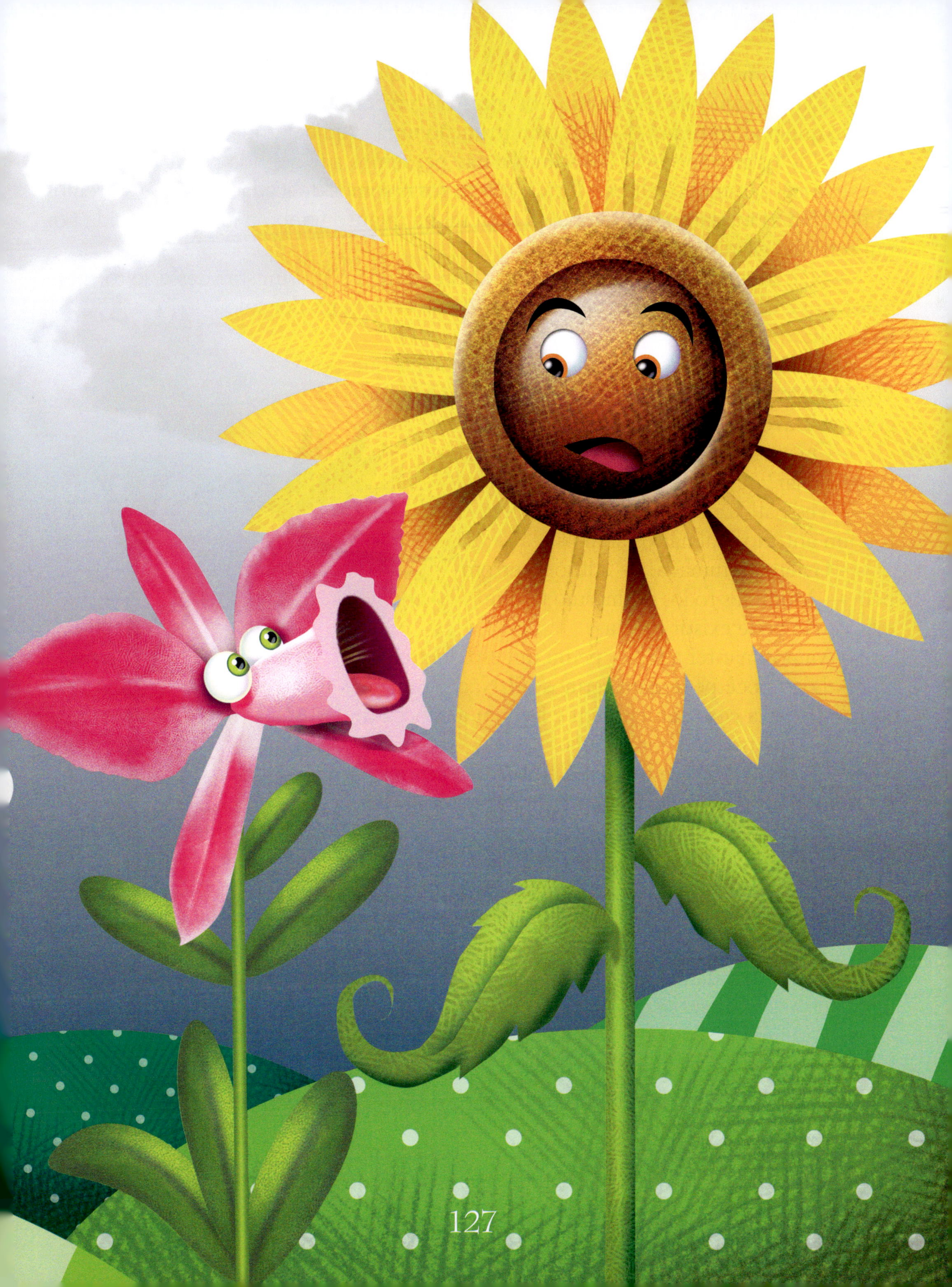

— Precisamos ter calma, manter a fé e resistir a essas mudanças.

— Olha quem fala! Só porque os girassóis vivem de nariz empinado para o sol acham que podem tudo? — falou com irritação uma orquídea toda delicada.

— Nós, os girassóis, não desistimos e não perdemos a fé na vida por nada.

— Vocês são muito felizes e fortes, nós as rosas somos delicadas demais e sofremos muito com as mudanças de tempo. Já nem sei há quanto tempo não sou aquecida por um solzinho gostoso.

— Não acredito que minhas amadas flores estejam pessimistas desse jeito, nem parece que são beijadas por mim diariamente! — o beija-flor falou todo feliz.

— Você é muito convencido, beija-flor, acha que por viver beijando todas as flores é irresistível? — resmungou um cravo enciumado.

— Que posso fazer se além de voar meu destino é beijar?

— Pessoal! Ordem no jardim! — tentou um antúrio acalmar os ânimos.

— Galera perfumada! — o lírio interrompeu. — Moramos todos no mesmo jardim e aqui não pode existir inveja.

— Vamos manter a fé! — pediu um espinheiro.

— Logo você pede para termos fé? Não foram seus iguais que como uma coroa enfeitaram e feriram a cabeça de Jesus? — o crisântemo perguntou com ironia.

— Os homens é que fizeram a coroa de espinhos para o Salvador. Os espinhos não foram criados para ferir, mas para proteger.

— Calma turma, vamos florescer a paz entre nós! Vou dar um beijinho em todo mundo e as coisas voltarão ao normal! — pediu o beija-flor.

— Quem disse que eu quero seu beijo? — o cravo respondeu.

— Tudo isso, porque vocês não têm fé para esperar pela volta do sol. Que tristeza! Já enfrentamos invernos piores, tudo vai passar. Eu que não desvio meu olhar da direção do sol, porque eu tenho certeza de que ele vai aparecer...

— Porque vocês, os girassóis, são teimosos! — resmungou o antúrio.

— Que nada, nosso destino é a luz e não desistiremos nunca, por mais que as nuvens estejam escuras, temos a certeza de que o sol está escondido atrás delas.

Então, sobre aquele jardim caiu a chuva mais forte.

E todas as flores foram regadas pelas águas caídas do céu.

Quando a chuva cessou, um raiozinho de sol passou por entre as nuvens e aqueceu o girassol, que nesse instante, ergueu-se mais ainda em direção ao céu.

E todas as flores fizeram como ele, renovadas pela chuva, ergueram-se viçosas.

O raiozinho de sol foi abrindo caminho entre as nuvens e começou a crescer.

Então, ouviu-se um assovio. Era o vento que chegava cantando feliz:

— Olá, flores desse jardim! Adoro ventar entre vocês.

Alegre e feliz, o vento subiu e desceu até o céu levando para longe as nuvens carrancudas e escuras.

Nessa hora, o azul do céu começou a se mostrar e o sol desceu com seus raios coloridos para aquecer o jardim.

— Girassol, você nos deu um belo exemplo de fé — disse a rosa, desabrochando aquecida.

— Eu nunca perdi a fé. Quando ficava erguido em direção ao céu sempre fazia minha oração com muito amor, para que o sol pudesse abrir caminho entre as nuvens e voltasse a aquecer o nosso jardim. Por mais que as nuvens estejam escuras, o sol sempre volta. Com Deus, eu sempre busco e acho motivos para acreditar.

E o jardim ficou colorido e belo.

E entre as flores, o beija-flor voava distribuindo beijos, todo convencido.

DAI DE GRAÇA O QUE DE GRAÇA RECEBESTE

Quem nunca ouviu falar de Lulu, o Uirapuru daquele bosque?
Todos os dias era assim, quando Lulu Uirapuru cantava, a floresta silenciava.
Os habitantes daquele lugar se encantavam com o canto de Lulu.
Os Uirapurus são conhecidos por terem seu canto muito bem elaborado. Com Lulu não era diferente, os animaizinhos diziam que ele arrepiava penas e pelos de tantos quantos o ouvissem cantar.
O tempo foi passando e Lulu foi ficando famoso, e bota famoso nisso.
A fama chegou a outras florestas e o nosso Uirapuru agora tinha um grande público.
Ele costumava pousar sempre na mesma árvore para cantar.
Diz a lenda que quando o Uirapuru canta, os outros pássaros se calam.
Chegou o momento de Lulu cantar e juntou uma passarada e bicharada embaixo da árvore.
O canto começou e todos se emocionaram.
Lulu olhou para baixo e se alegrou ao ver tantos expectadores a lhe admirar.
Nesse instante, ele ouviu uma voz:
— Parabéns, Lulu! Essa floresta não seria a mesma sem seu canto! — afirmou um papagaio, com ares de importância.
Lulu surpreendeu-se com os elogios e ficou muito satisfeito.
— Você é muito importante para todos que vivem aqui.
— Tem certeza?
— Claro, seu Uirapuru! Poderia ser melhor, mas...
— Poderia ser melhor? Como? Eu canto com toda força das minhas penas!
— Eu sei como fazer as coisas ficarem melhores para você, mas sabe como é, tudo tem um preço!
Lulu ficou confuso com aquelas palavras, mas permitiu que a vaidade tomasse conta de seu coração, então perguntou:
— Eu sou importante mesmo?
— Você é o habitante mais importante dessa floresta. Mas, se me contratar, como seu empresário, vai ficar mais famoso e importante ainda.
— Se é assim, seu papagaio, já está contratado!
— Então, amanhã, quando todos chegarem para cantar, você só começa com a minha autorização. Entendeu?

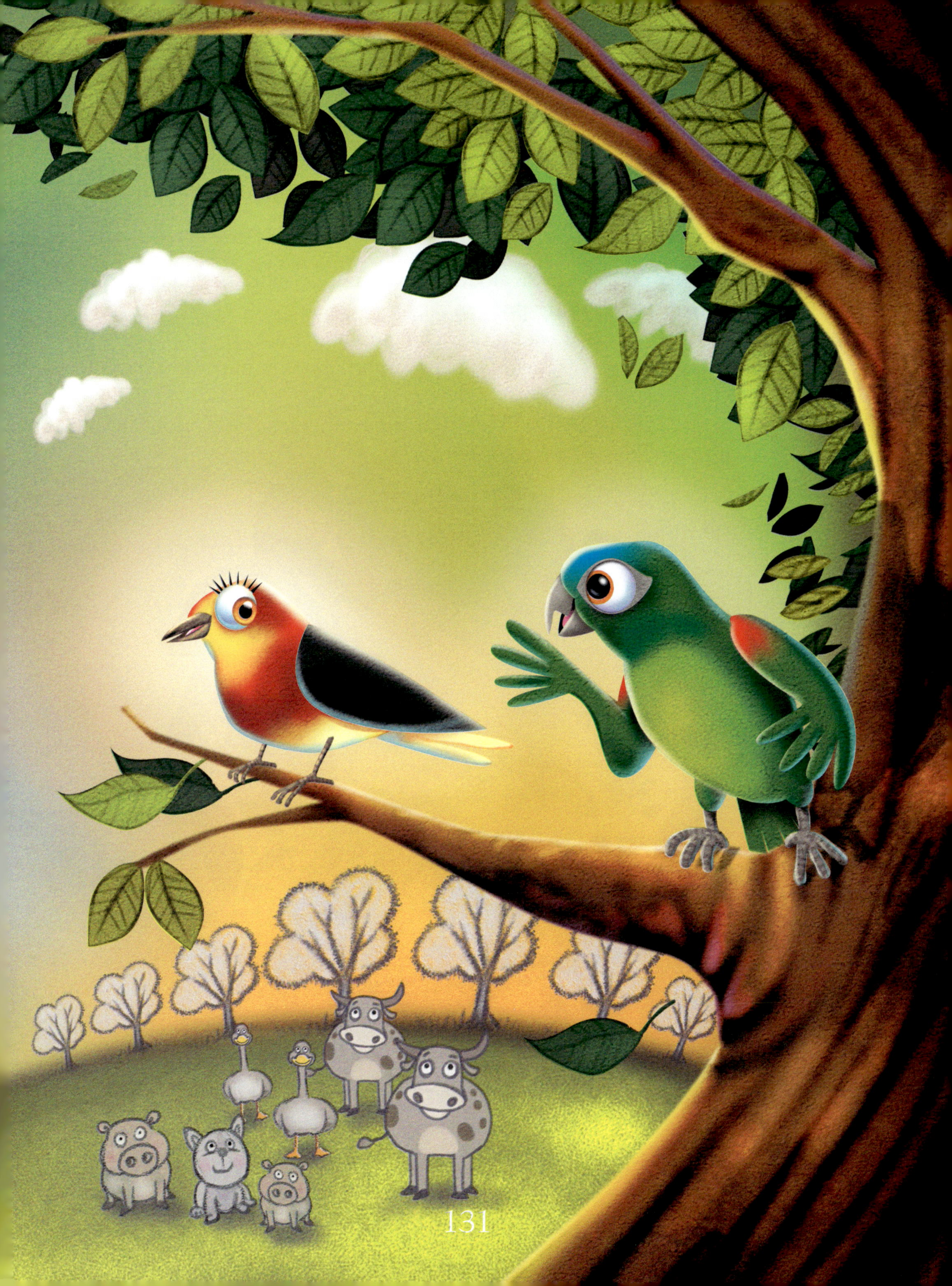

— Entendi, meu empresário!

— Agora vá comer algumas sementinhas por aí e cuide dessa gargantinha de ouro, pois iremos ficar ricos e famosos.

Os olhinhos de Lulu brilhavam pela vaidade e o orgulho que iludiam seu coração.

No dia seguinte, muitos animais chegaram para ouvir o canto do Uirapuru.

— Pessoal! — avisou o papagaio empresário. — Quem quiser ouvir o canto de Lulu terá de colaborar com ele.

A reclamação foi geral, mas o papagaio foi convincente e saiu arrecadando sementes, frutinhas e tudo que os ouvintes podiam pagar.

Lulu, no galho da árvore, esperava autorização para poder cantar.

De olhos brilhantes pela arrecadação, o papagaio finalmente autorizou o início da cantoria de Lulu.

Lulu, de peito erguido, e se sentindo o pássaro mais importante da floresta, olhou para baixo e se surpreendeu com tantos ouvintes.

— Pode começar, Lulu! — o empresário avisou.

Na hora em que Lulu abriu o bico para cantar, um vento gelado, que não se sabe de onde saiu, entrou por sua boquinha e ele ficou rouco.

Fez pose, encheu o peito e nada.

Saiu um canto desafinado que ninguém conseguia ouvir.

Então, começou uma vaia danada, e Lulu foi ficando nervoso.

Pela primeira vez, a floresta não escutou o seu canto elaborado.

Uma coruja, que a tudo testemunhou, disse com voz amargurada:

— Lulu, não podemos cobrar dos outros pelas coisas que recebemos de graça. O seu canto foi dado por Deus para que você faça feliz a todos nós. Se você quiser cobrar para cantar vai passar por muitas situações complicadas.

O papagaio saiu de fininho, e a coruja arrematou:

— Dai de graça o que de graça recebeste!

PEDI E OBTEREIS

Tininho era um garoto muito inteligente que respeitava seus amiguinhos e a natureza.

O que mais chamava a atenção das pessoas era a amizade que Tininho tinha pelo seu cachorrinho.

O nome do animalzinho era Pingo, porque ele era muito pequenino.

Pingo era pequeno de tamanho, mas gigante em termos de amor.

Todas as vezes que Tininho chegava da escola, Pingo fazia uma grande festa abanando seu rabo minúsculo.

Aos domingos, os dois amigos gostavam de caminhar pela grande e arborizada praça do bairro.

Tudo ia muito bem, até que certo dia Tininho chegou da escola e Pingo não veio recebê-lo.

Imediatamente, Tininho foi procurar seu leal amigo.

Chamou pela mãe que apareceu vindo da cozinha e ela disse:

— Ele não está muito bem hoje, Tininho.

— O que ele tem, mamãe? Quando saí para ir à escola Pingo me acompanhou até o portão e se despediu com um latido.

Tininho se aproximou da casinha de Pingo e o encontrou deitado e desanimado.

— O que está acontecendo, amigão?

Pingo olhou para o menino e mal conseguia levantar a cabeça. Apenas seus olhos contemplavam Tininho.

— Vamos levá-lo ao veterinário!

— Sim, mamãe!

E dizendo isso, Tininho colocou Pingo no colo e junto com sua mãe partiram para o veterinário.

Após os exames, o médico constatou que Pingo estava muito mal e poderia morrer, ele precisava ficar internado para tratamento.

Tininho queria ficar internado com seu amiguinho, mas não era possível.

Ele voltou para casa muito triste.

Na hora de dormir, sua mãe falou:

— Tininho, faça uma prece, peça a Deus pela melhora de Pingo. Tenho certeza que seu pedido será atendido.

Tininho juntou as mãos sobre o peito e pediu com emoção pela vida de seu amiguinho.

Do coração do menino saíram raios de luzes coloridas que chegaram até o hospital canino evolvendo Pingo com todo amor.

O rabinho do cachorro tremelicou com energia.

— Agora, deite-se para dormir, Tininho, e não esqueça que mesmo Pingo partindo para o outro lado da vida, vocês estarão ligados para sempre pelos fios invisíveis do amor.

Duas lágrimas correram pelos olhos do menino e ele encerrou a prece dizendo:

— Querido Deus, me ensinaram que o Senhor atende pedido de criança, então te peço para curar o Pingo, porque ele é meu melhor amigo! Cachorro também é coisa de Deus. Amém!

Tininho adormeceu e sonhou com Pingo, os dois corriam e brincavam com muita alegria e contentamento.

Amanheceu, e no momento em que tomava café para ir à escola, o telefone tocou.

Era o veterinário avisando que Pingo tinha sumido.

Nesse mesmo instante, ouviu-se latidos no portão da casa; Tininho sabia de quem eram aqueles latidos e gritou, emocionado:

— O Pingo voltou, mamãe!

Tininho abriu o portão e o cachorro entrou em disparada.

Da porta da cozinha a mãe do menino afirmou, sorrindo:

— Eu não falei, meu filho! Quem pede recebe, Deus atendeu ao seu pedido. Agora vamos agradecer com outra prece e depois avisar ao veterinário que o Pingo fujão está aqui com saúde.

Mãe e filho uniram os corações em oração agradecendo a Deus e, enquanto isso, Pingo tremelicava o rabo.

137

COLETÂNEA DE PRECES INFANTIS

Pelo papai e pela mamãe

Querido Deus, sei que o Senhor ouve tudo e vê tudo, mas quero te pedir para desculpar meus pais quando eles falam alto um com o outro.

Sei que o senhor vê a cara feia deles, mas não é sempre que eles ficam assim e por isso quero pedir ao Senhor para protegê-los de todo o mal.

Assim seja.

Para afastar os maus pensamentos

Querido Deus, me dá um bom sono sem pesadelos, mas se aparecer algum monstro nos meus sonhos, manda o meu pai ou a minha mãe para me salvar.

Tira de dentro da minha cabeça os pensamentos maus.

Assim seja.

Prece pela saúde

Querido Deus, hoje quero pedir pela minha saúde, porque meu nariz está molhando.

Prometo comer um pedaço de cenoura e uma folha de alface junto com o hambúrguer.

Cuida de mim e da minha saúde.

Assim seja.

Prece pela paz

Querido Deus, quero pedir ao Senhor para tirar a raiva do meu coração. Hoje um menino me colocou um apelido e eu quis muito bater nele.

Sei que o Senhor viu isso, não quero que castigue ele, mas tira essa raiva do meu coração e me ajuda a perdoar.

Assim seja.

Prece de gratidão da criança

Querido Deus, hoje quero agradecer

Pela minha família

Pela minha vida colorida

Pelos meus brinquedos
Quando tantas crianças não têm com o que brincar

Pela minha escola
Quando tantas crianças estão sem estudar

Pela minha saúde
Quando tantas crianças estão a chorar

Pelos livros que me instruem e alegram
Quando tantas crianças não sabem ler

Pelo meu vô e pela minha vó
Porque existe criança vivendo só

Pelos doces e comida
Pois tem criança roncando a barriga

Te agradeço por meus olhos que podem ver
Quando tantas crianças não enxergam o amanhecer

Pelos ouvidos que ouvem a canção de ninar
Porque há muita criança que não pode escutar

Pelo meu corpo saudável que só faz pular
Porque existem crianças que não podem andar

Agradeço, por fim, pela presença do Senhor
Pois tem tantas crianças precisando de amor

Assim seja

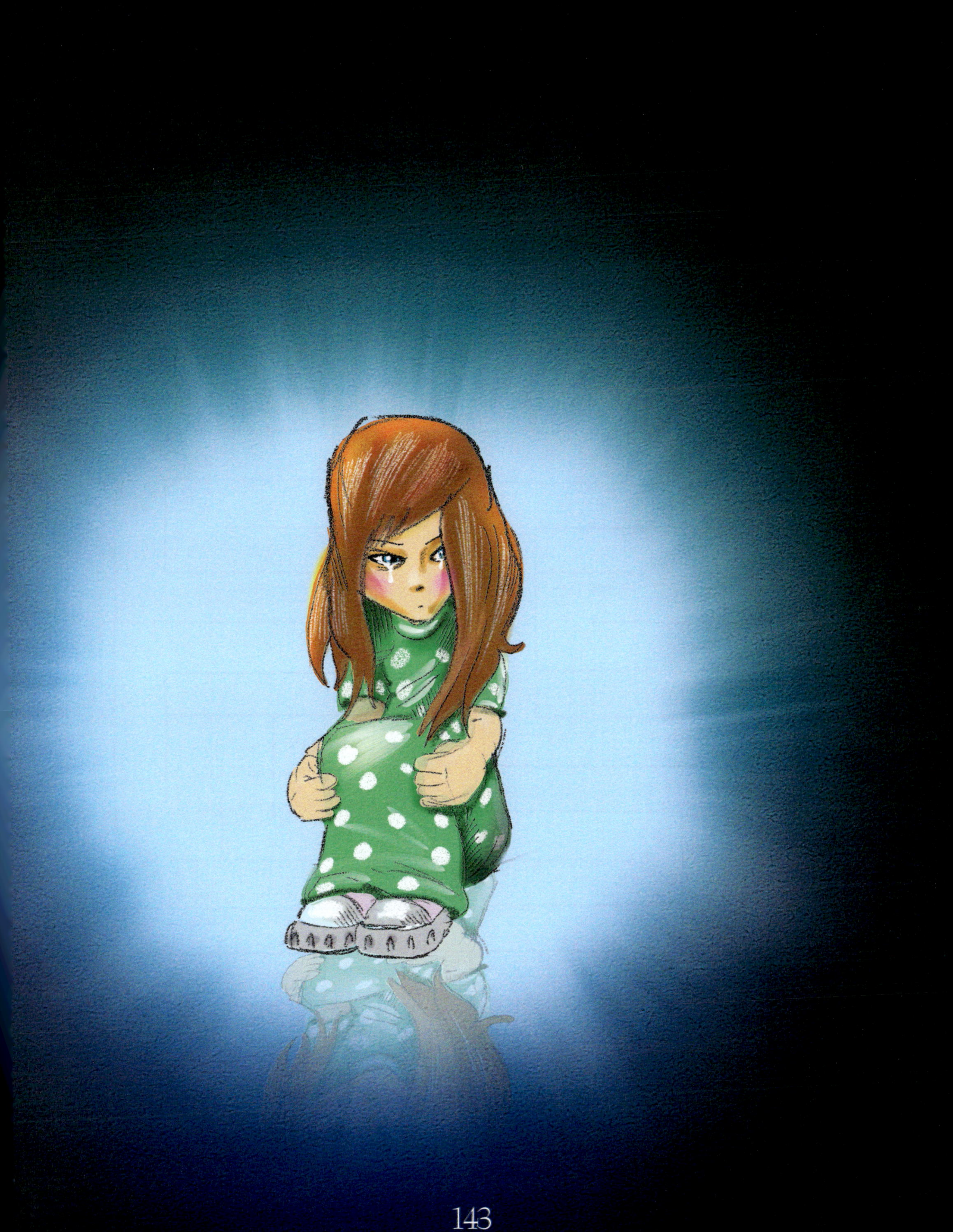

Labirinto

Ajude o esquilo a encontrar as nozes.

Caça-palavras

Encontre no diagrama o nome das personagens.

V	V	H	C	X	X	P	I	S
W	R	P	B	N	I	L	Z	A
A	U	T	I	O	Z	A	V	P
A	B	D	I	D	U	M	R	I
C	T	P	F	R	E	D	V	S
H	S	N	T	O	I	A	I	C
V	N	I	L	O	I	C	O	A
N	N	U	R	T	G	C	A	B
A	N	L	V	X	F	R	O	P

FRED

NILZA

PISCA

NILO

Imagem e Sombra

Ligue cada imagem à sua respectiva sombra.

Ligue os pontos e pinte

Ligue os pontos da imagem e pinte.

Circule o animal...

que voa...

que vive na água...

que faz o mel...

que tem quatro patas...

Qual o resultado?

Ligue os resultados

5x3 • • 9

4x8 • • 14

8+6 • • 15

5+4 • • 32

Palavras cruzadas

Preencha com as palavras.

Some e pinte

Pinte as partes do guarda-chuva de acordo com o resultado da soma.

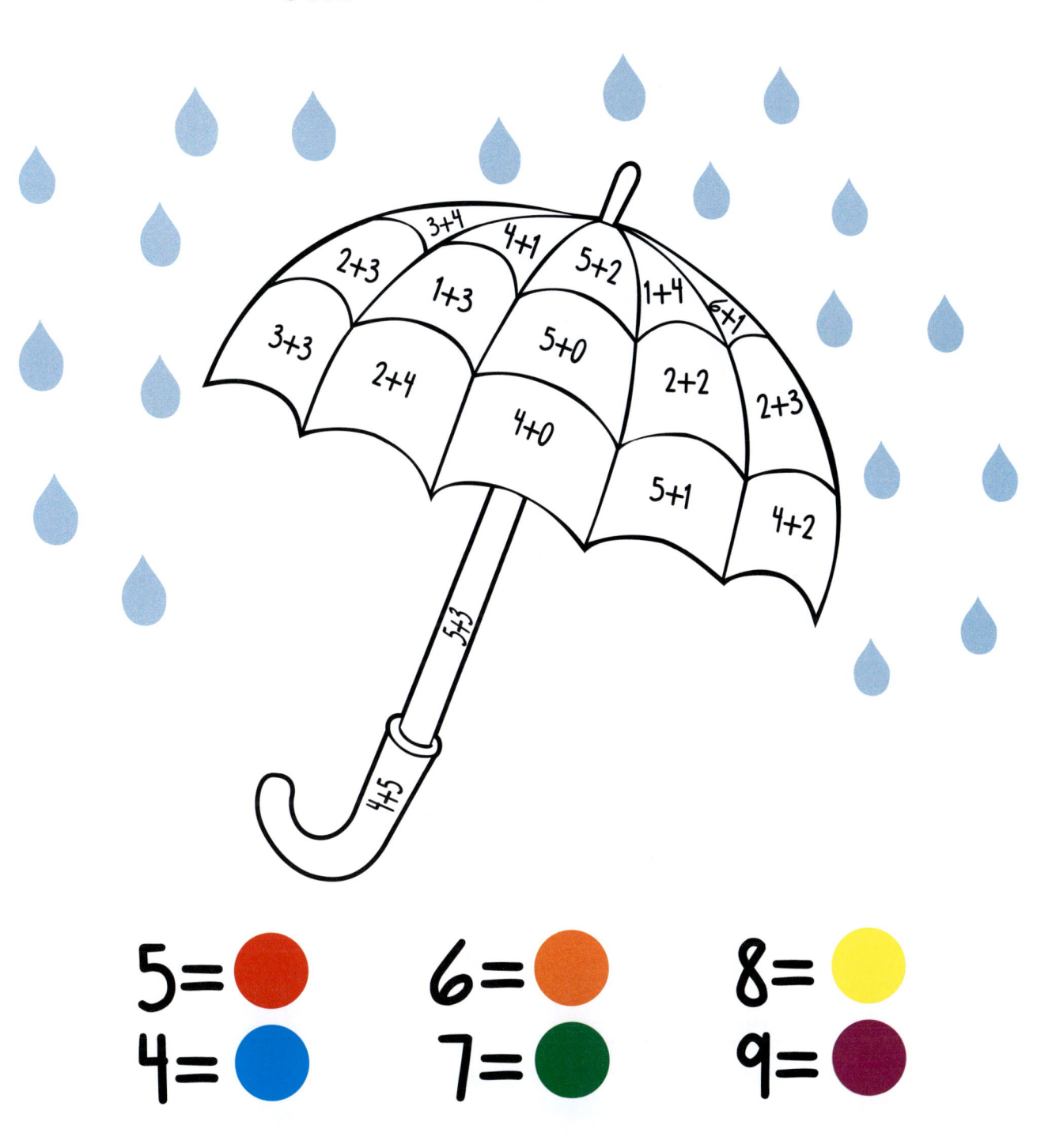

- 5 = 🔴
- 4 = 🔵
- 6 = 🟠
- 7 = 🟢
- 8 = 🟡
- 9 = 🟣

Ligue os pontos

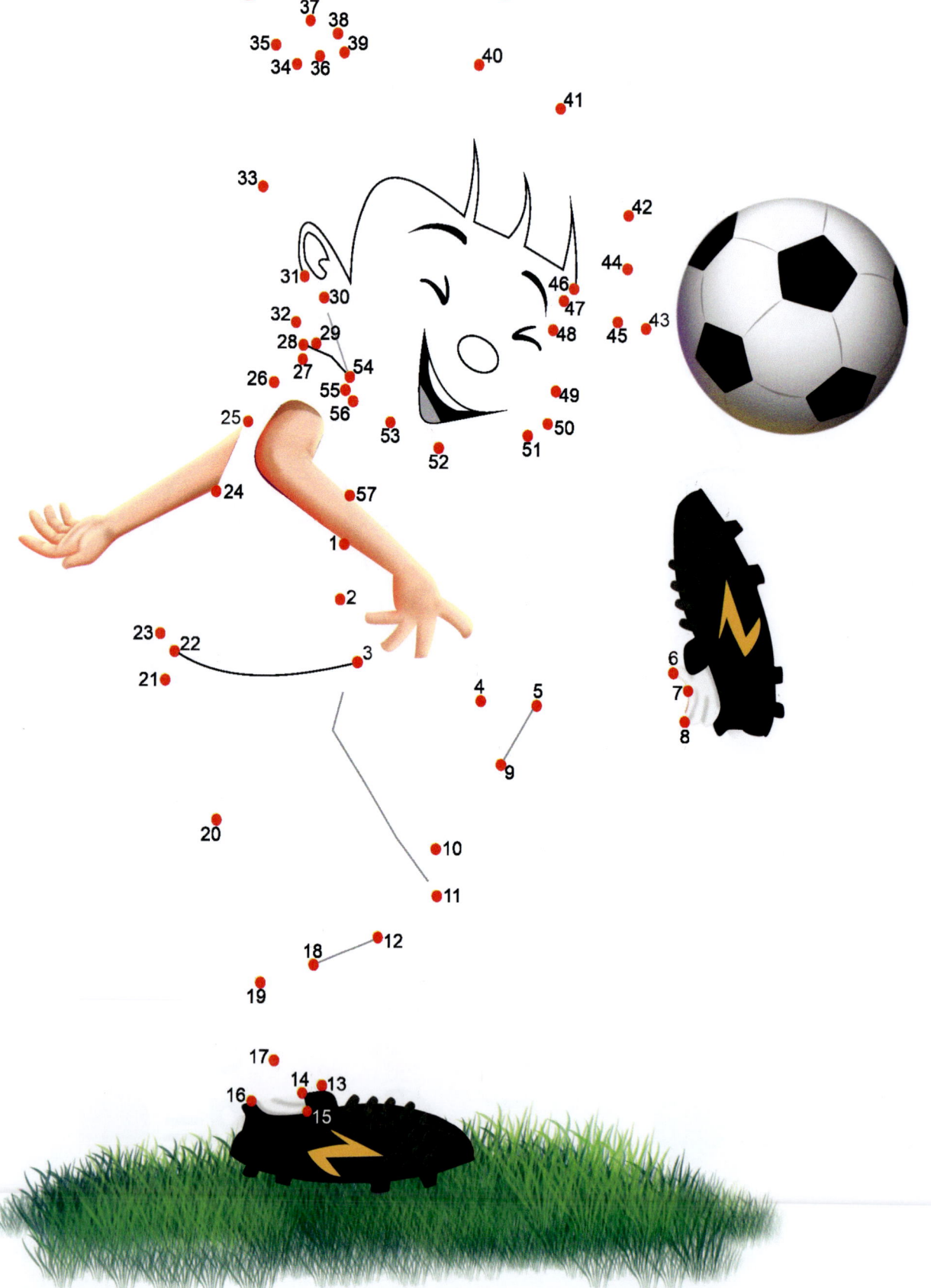

Emoções

Ligue cada emoji ao texto com a emoção correspondente

- DOENTE 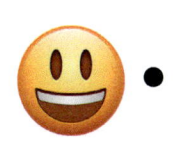 
- SÉRIO
- ENGRAÇADO  
- PENSATIVO
- COM SONO  
- TRISTE
- FELIZ   
- COM RAIVA
- APAIXONADO 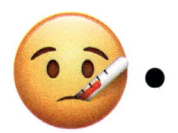 
- ASSUSTADO

7 erros

Encontre 7 diferenças entre as 2 imagens.

Descubra a chave

Descubra qual chave abre o cadeado.

- 9+3
- 7+6
- 8+6
- 9x3
- 4x8
- 5x7

- 32
- 12
- 27
- 35
- 13
- 14

Palavras cruzadas

Preencha com o nome dos animais.

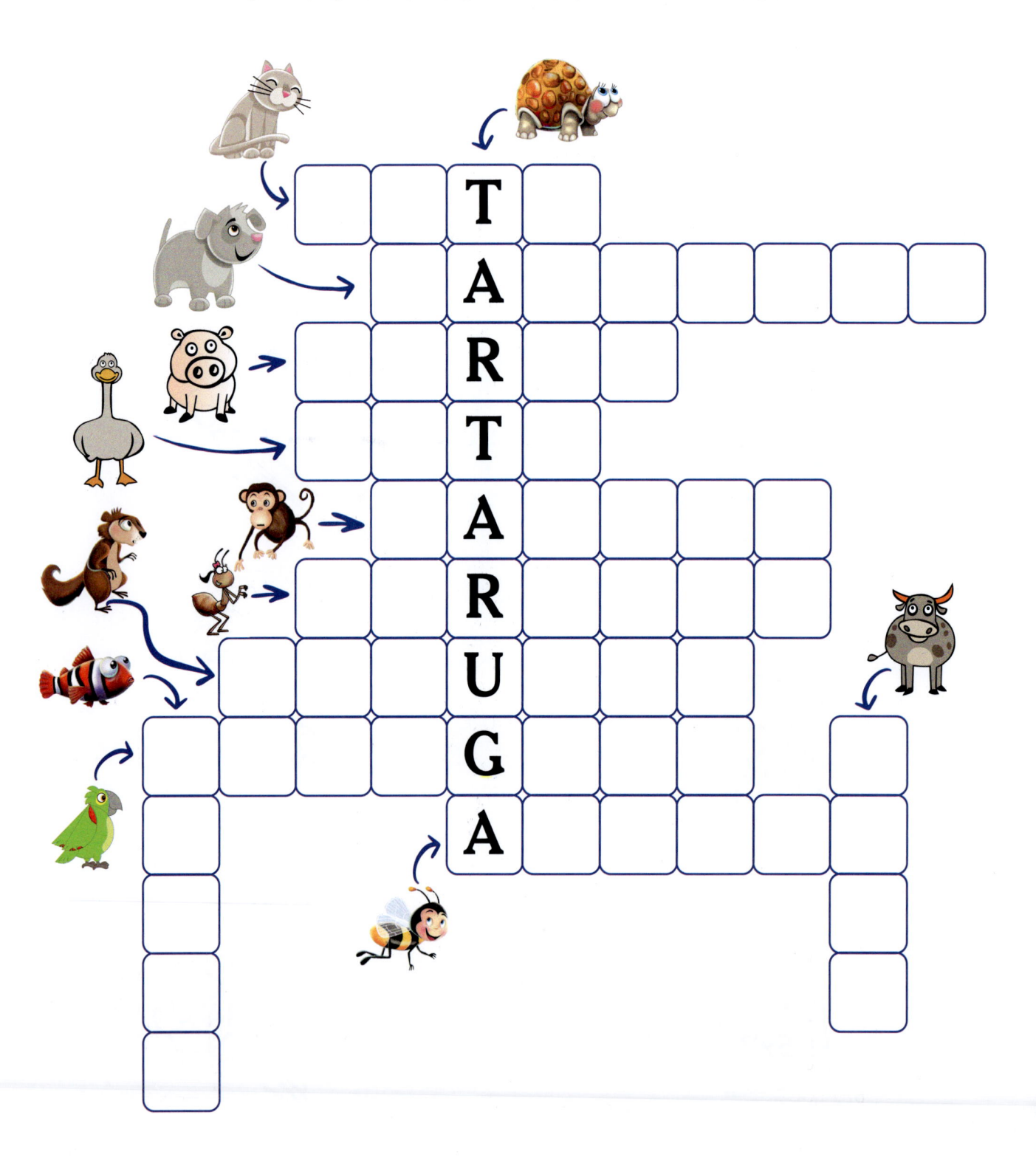

Caça-palavras

Encontre no diagrama o nome das personagens.

A	M	D	C	Z	A	R	N	C
W	R	A	F	A	N	D	R	A
A	N	D	R	É	Z	A	V	R
A	B	D	I	D	U	N	R	I
F	R	I	T	W	A	S	R	D
H	R	O	S	I	N	H	A	A
A	V	O	R	S	T	B	N	D
M	O	U	R	S	A	C	E	E
A	R	A	F	A	E	L	A	M

ROSINHA

RAFAEL

CARIDADE

ANDRÉ

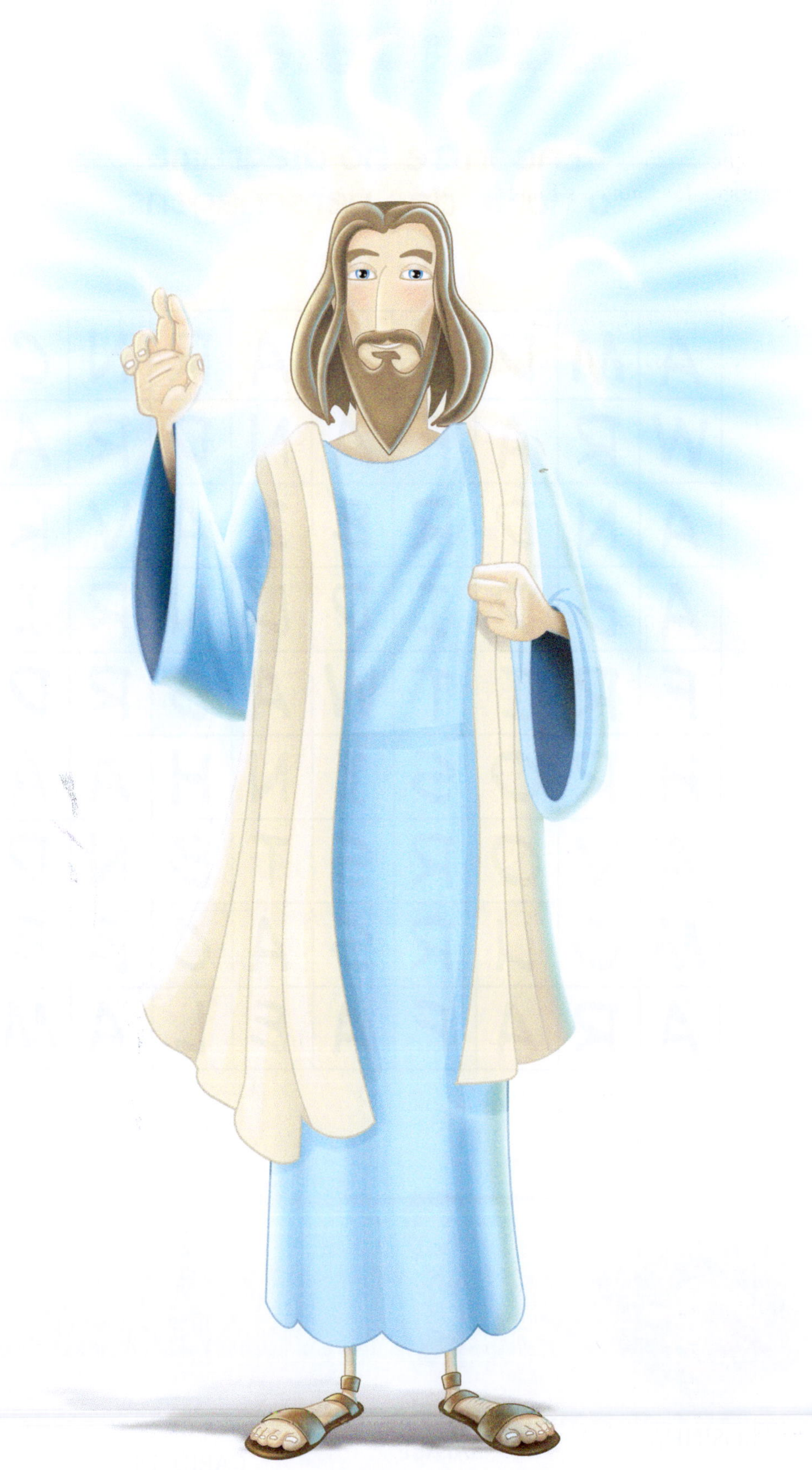

Editores: *Luiz Saegusa e Claudia Zaneti Saegusa*
Direção *Editorial: Claudia Zaneti Saegusa*
Capa e Ilustrações: *L. Bandeira*
Projeto Gráfico e Diagramação: *Mauro Bufano*
Revisão: *Rosemarie Giudilli*
5ª Edição: *2025*
Impressão: *Lis Gráfica e Editora*

Esta obra foi editada anteriormente com o mesmo conteúdo em 5 volumes.

Dados Internacionais de Catalogação na Publicação (CIP)
(Câmara Brasileira do Livro, SP, Brasil)

Salles, Adeilson
    Histórias inspiradas em : o evangelho segundo o espiritismo : para crianças / Adeilson Salles. ; ilustração Lourival Bandeira de Melo Neto. -- 1. ed. -- São Paulo, SP : Intelítera Editora, 2023. -- (Histórias inspiradas em : o evangelho segundo o espiritismo : para crianças)

ISBN 978-65-5679-032-9

1. Espiritismo - Literatura infantil
2. Evangelho segundo o espiritismo I; Melo Neto, Lourival Bandeira de. II. Título. III. Série.

22-120251   CDD-133.9024054

Índices para catálogo sistemático:
1. Espiritismo para crianças   133.9024054

Eliete Marques da Silva - Bibliotecária - CRB-8/9380

Intelítera Editora
Rua Lucrécia Maciel, 39 - Vila Guarani
CEP 04314-130 - São Paulo - SP
(11) 2369-5377 - (11) 93235-5505
www.intelitera.com.br - facebook.com/intelitera

Para receber informações sobre nossos lançamentos, títulos e autores, bem como enviar seus comentários, utilize nossas mídias:

- intelitera.com.br
- atendimento@intelitera.com.br
- youtube.com/inteliteraeditora
- instagram.com/intelitera
- facebook.com/intelitera

Redes sociais do autor:

- youtube.com/AdeilsonSallesOficial-r2g
- instagram.com/adeilsonsallesescritor
- facebook.com/adeilson.salles.94

Esta edição foi impressa pela Lis Gráfica e Editora no formato 205 x 260mm. Os papéis utilizados foram couchê Fit Silk 90 g/m² para o miolo e o papel Cartão Supremo 250g/m² para a capa. O texto principal foi composto com a fonte GoudyOlSt BT 15/18 e os títulos com a fonte GoudyOlSt BT 19/25.